marnie.

世界の一流から学んだ

The Art of Business learned from the Leaders of the World

仕事の品格

次のステージへ行くために必要なこと

植山周一郎

Shu Ueyama

周

Shu Ueyama

June 9, 2017

CrossMedia Publishing

▽はじめに

「がむしゃらに働いてきた。でも自分には何かが足りないかも？」

あなたはこれまで、一生懸命働いてきました。それなりの実績と経験を積んできた人もいることでしょう。仕事の知識も豊富で、まわりから評価されているかもしれません。

しかし、これからさらに昇進し、次のステージを目指すためには、何かが足りないと感じることはないでしょうか？　会社役員や経営者が、仕事の知識以上の資質を持っていることに、あなたも気づいているはずです。

ところが、それが具体的に何であるかは誰も教えてくれません。

それが何であるかを突き止め、自分も身につけたい。そう思っているけれども、毎日の仕事に忙殺され、じっくり考え、取り組む余裕がない。休暇を取る権利はあるけれども、忙しくてほとんど取ったことがない。読書をしたいけれども、週末は疲れて寝てしまっている。

もしかすると、これがあなたの実情かもしれません。

仕事以外の何かが必要。頭ではわかっていても、実際に実行することは難しいものです。

まず、自分がこれから目指すところにいる人は、どんな素晴らしい面を持っているのか。実際に経験し、学ぶことからはじめてみましょう。

第1部では、私が出会った世界の一流たちの話を書きました。彼らの知恵、教養、パーソナリティ、マナーなどから、私は多くを学びました。

彼らの共通項は、「好奇心を持ち、行動すること」です。あなたの好奇心が、本書をあなたの手元に届けました。そしてこれから読みはじめる項目のひとつひとつを熟読し、「行動に移す」ことで、あなたも一流への一歩を踏み出すことになります。是非、一流の人たちの成功の秘密を学び取ってください。

第2部では、教養について記しました。次のステージにあなたが進んでいき、より責任あるポジションでより大きな仕事をやるためには、あなたのこれまでの生活パターンと価値観を思い切って変える勇気が必要です。より多くの部下を率いるためには、より大きなリーダーシップを身につけなければなりません。彼らをモチベートするためには、彼らが納得するような話ができるだけのコンテンツと説得力をあなたが持っていなければなりません。

役員、ましてや社長という地位は、漫然と待っていては手に入らない地位です。あなたにそれだけの素養、人格、オーラなどが備わっていなければなりません。

それらをどう勉強し、どう身につけていったらよいか。その答えが、第2部できっと見つかるはずです。

本書があなたのビジネスとプライベート、人生そのものを、より上質なものにするための一助となれば非常に嬉しく、光栄です。

Contents

第1部

一流から学んだこと

What I have learned from the leaders of the world

Akio Morita

好奇心とグローバル感覚、楽しんで仕事をすること

盛田 昭夫

（ソニー創業者、1921-1999）

「好奇心」と「グローバル感覚」そして何より「楽しんで仕事をすること」。ソニー時代もその後ソニーを退職し独立してからも、盛田さんから学んだことは自分のビジネススタイルの基本になってきました。

▽ 最終面接から全ては始まった

私が盛田さんにはじめてお会いしたのは、１９６９年でした。その当時ソニーが出した「海外要員」の募集広告に、私が応募したことがきっかけでした。

「英語でタンカの切れる日本人求む！」という独創的なキャッチフレーズの新聞広告を

見て、約１００名の若者達が集まってきました。筆記試験と第一次面接を通過し、最後の役員面接で、すでに伝説的な経営者となっていた盛田さんの面接を受けることになったのです。

「植山君、君は学生時代にアメリカとドイツで勉強していたそうだが、ソニーに入ったらどこに行きたいかね？」

「はい、日本です。私はお寿司が大好きです。外国に行ってしまうと、美味しい寿司を食べながら、日本酒を飲む楽しみがなくなってしまいます」。

この私の半ばふざけた返事に、盛田さんは少々面喰って、こうおっしゃいました。

「君ねえ、ソニーに入って、寿司と日本酒を楽しむために日本にいてもらっては困るんだよ。我々は今回海外要員を募集しているんだ。どうだ、外国に行くって約束してくれるか？」

「約束したら、入れてくれますか？」私はすかさず言いました。

「ああ、入れてやる」。

なんと、面接の最中に合格通知をもらってしまったのです。それもあの有名な盛田さん自身から。これが盛田さんとの出会いでした。

盛田さんはなぜ私を採用したのでしょうか。理由を自分なりに考えてみますと、次のようなことが思い当ります。

・盛田さんの知名度やソニーの社長であることをまったく意識しなかった
・面接の最中に冗談を言い、笑顔を絶やさなかった
・だめもと精神だった
・それでいて、必ず採用されるという自信と予感を感じていた

もしかすると、物怖じしない気質を評価してくださったのかもしれません。

▽「お前はあまり感じないから」と怒られ続けた

英国ソニーで9年間の駐在生活を送ったあと、日本のソニー本社に帰任することになりました。その際、盛田さんにこう尋ねられました。

「日本ではどんな仕事をやりたいかね？」

「ぜひ宣伝広告をやらせてください。イギリスでの経験を活かして、面白い広告をつくりたいと思います」。

それで宣伝制作部次長を拝命することになりました。私の直属の上司が、大賀典雄さん（当時副社長）でした。大賀さんも盛田さんも大の広告好き。ふたりから広告のテーマや起用するタレントのリクエストが直接、ひっきりなしに飛んできます。そして、よく怒られもしました。

「今度お前が起用したタレントはソニーらしくない！　すぐに替えろ！」「お前に宣伝部を任せたのに、いい広告が出てこない。何とかしろ！」とふたりから怒られ放題。

ある日、盛田さんに尋ねました。

「なんでそんなに俺ばっかり、怒るんですか？」

「それはね、いくら怒っても、お前はあまり感じないからだよ。絶対にソニーを辞める心配がないからさ」。

盛田さんは愉快そうに笑われました。

それでは「感じない人間」とは何でしょうか？　私のどんなところが「感じなかった」

のか、自己分析してみようと思います。

- 偉い人もたまにはうっぷんを発散するために怒ることがある。それをいちいち真に受けていると疲れてしまう
- たとえソニーをクビになりひとりになっても食べていける自信があった
- しかし、絶対にクビにはされないだろうという感覚があったことも事実

ビジネスマンにとって「感じないこと」は求められる要素のひとつかもしれません。
次からは、私が盛田さんから学んだことをご紹介します。

Lesson 1

自ら歩み寄り、目線を合わせる

盛田さんは何にでも旺盛な好奇心を示されました。

33歳のとき、私はソニー本社の宣伝部次長でした。そのころ盛田さんは57歳。ある日彼から私のデスクに電話がかかってきました。

「六本木のディスコに行ってみたい。どこかいいところに案内してくれないか。何人か友達を連れて来なさい。みんな私が招待してあげるから」。

私の友人を数人伴って、当時人気があった「ザ・ビー」という店に彼を案内しました。彼はまわりを見回して、笑みを浮かべ、「いいね。みんなで踊ろうか」とフロアの真ん中に出て行きました。当時は、マイケル・ジャクソン、レイ・パーカー・ジュニア、ライオネル・リッチーなどが全盛の時期で、彼らの軽快なリズムに乗って、みんなで踊り、飲み、笑い、楽しいときを過ごしました。

その数日後、ソニーの「ウォークマン会議」の席上で、盛田さんはこう言いました。「ウォークマンのターゲットは、ディスコに行っているような若者たちだ。彼らはマイケル・ジャクソンの曲が大好きだ。音楽が大好きな人たちで、ウォークマンを3万円位で売り出せば、絶対に買ってくれるだろう。彼らが読んでいる雑誌は『POPEYE』だ。そこに記事広告を打とう。FMラジオのコマーシャルも有効だろう」。

なんと数日前に六本木で仕入れたネタを、もうウォークマンのマーケティング戦略にしていたのです。まさに天才の早業で、私は感心しました。

盛田さんと私は24歳離れていましたから、親子のようなものでしたが、ジェネレーション・ギャップを感じたことは一度もありませんでした。彼の方から若い世代に近づいてきて、私たちと一緒に遊びながら、我々のライフスタイルや価値観、そして音楽やファッションの趣味、お金の使い方などを理解しようとされていたように思えました。

ソニー製品のお客様のほとんどが10代から30代だったので、その年代層の生き方などをご自分で見聞して理解しておくことが、新製品企画や広告戦略を考える上でシャープな感覚をキープできると感じておられたのでしょうね。

Lesson 2

得意分野でなくても、積極的に挑戦する

盛田さんのすごかったところは、彼の同世代の人たちと比較して、抜群のグローバル感覚を持っていた点です。

１９６０年にソニー・コーポレーション・オブ・アメリカを設立したとき、社長に就任した盛田さんは家族全員でニューヨークに移住。アメリカ社会に溶け込み、英語習得を率先して行いました。そしてヘンリー・キッシンジャー元国務長官など、アメリカ社会のトップとの人脈を開拓していったのです。

英語をたくみに駆使されて、演説も多くこなされました。ソニーを世界のブランドに育てあげた貴重な経験談や経営哲学をぜひ聞きたいと、世界中の人たちが集まってきたのです。盛田さんがジャパニーズ・イングリッシュで話されたということは、まったく問題ではありませんでした。彼の話のコンテンツを吸収したいと、世界中の人たちが思い、聞き耳を立てたのです。

彼は１９６０—２０００年代の日本では稀有な、グローバル人間でした。何度彼に日本の総理大臣か外務大臣をやって欲しいと思ったことでしょう。それほどの素晴らしい方でした。

Lesson 3

「ひとり」の限界を知る

「いかに多くの人たちにいい仕事をやらせることができるかで、経営者の資質が決まるんだよ」と盛田さんが私におっしゃったことがありました。

「いくら優れた人間でもひとりでできる仕事には限界がある。だから、他の人に仕事をやってもらうことが大事なんだ」

私たちソニー社員は、みんな盛田さんのファンでした。「盛田節」とも言うべき独特の話し方で、日本語も英語も見事に操り、まわりの人たちを楽しませ、感激させました。

もともと大阪大学で物理を専攻した理系でありながら、卓越したマーケティングのセンスを持ち、世界中にソニーを売り込んだ天才でした。そんなカリスマ的存在だったのです。

「彼のためなら何でもやろう」、という気概が当時のソニーには溢れていました。そういう熱気のようなものが、当時のソニーの原動力となっていたのです。同時期には、本田技研の本田宗一郎さん、松下電器の松下幸之助さんといった、カリスマ経営者も活躍していました。この頃のソニー、ホンダ、松下（現在のパナソニック）の社員たちは、意気に感じながら、毎日いい仕事をしていたのです。

Lesson 4

遊び心をもつ

盛田さんは大変遊び心のある方でした。ご一緒させていただいたとき、私たちはジョーク合戦をしたものでした。

こういった遊び心があると、周囲の人たちが緊張することなく、盛田さんに率直な意見を言える雰囲気が生まれます。そんなやり取りから、新製品企画や広告戦略などでいいアイデアが出てくることがありました。

盛田さんがロンドンに来られて、現地のホテルに私の車でお送りしたときのことです。テームズ河の対岸に火力発電所が見えました。

「おい、シュー（私のニックネーム）。あの発電所は今ではもう使っていないよね。あれを英国ソニーで買い取れ！」

「ハッ？」

「買い取って、風呂屋をはじめろ。日本式の銭湯だよ」。

「風呂屋ですか？」私は意味がわからないままに、運転を続けました。

「もう宣伝文句も考えてあるよ。Let's go to London to New York. って言うんだよ。どうだ、いいだろう？」

「レッツ・ゴー・トゥー・ロンドン、トゥー・ニューヨーク（入浴）ですか？　さすが盛田さんですね」。

ふたりで大笑いしました。

私も盛田さんのユーモアに対抗を試みました。

「盛田さん、私の名前は盛田です、というのを英語で何と言いますか？」

「My name is Morita だろう？」

「いいえ、I already gave up.（もう降りた！）でいかがでしょうか？」

「それはいいなあ。これからちょくちょく使わせてもらうよ」。

ある日の出来事です。

「おい、シュー。ちょっと来い」会長室から電話がありました。

「はい、お呼びですか」。

「アジア広告会議っていう国際会議がインドのニューデリーで開催される予定で、そこでウォークマン誕生の講演をするように頼まれているんだ。でもどうしてもスケジュールが取れないので、私の代理で講演をやって来て欲しいんだ。お前は私の物まねも上手だから、ちょうどうってつけだと思ったんだ」。

私がいつも物まねをしていたことを、盛田さんは逆手にとったのです。こういう訳で、私は灼熱のインドに行くはめになってしまいました。

このように盛田さんとは、愉快なやりとりを多く経験させていただきました。偉大な方ほどユーモアを理解されるものです。実に楽しくご一緒させていただきました。

「好奇心」と「グローバル感覚」そして何より「楽しんで仕事をすること」。

盛田さんから学んだことは、私のビジネスマン人生の基礎になったのです。

Essence

・自ら歩み寄り、目線を合わせる
・得意分野でなくても、積極的に挑戦する
・「ひとり」の限界を知る
・遊び心をもつ

アイデアの良い人は世の中にたくさんいるが、
良いと思ったアイデアを
実行する勇気のある人は少ない。

盛田　昭夫（ソニー創業者）

盛田昭夫氏とフォード大統領と

Richard Branson

リスクを冒して挑戦すること

リチャード・ブランソン

（ヴァージン・グループ創業者、1950-）

「リスクを冒して挑戦する」。これがリチャードのポリシーでした。彼の積極的な生き方を知ったことで、私のその後の人生も磨かれていきました。どんどん挑戦する私の生き方に大きな影響を与えています。

▽ ヴァージンのコンサルタントに立候補！

以前、「ハローＶＩＰ！」というテレビ東京の番組がありました。世界中を飛び回り、様々なＶＩＰにインタビューする番組です。私はその番組でインタビューはもちろん、ゲストのリサーチと手配、インタビューの内容作成、翻訳と字幕の作成など、全てに携わっていました。

ある日、その番組にリチャードを呼び、インタビューすることになりました。当時、ヴァージン・グループの本社は、ロンドン・リージェントパーク内の運河に浮かぶハウスボート（寝泊りができる大型の船）で、共同司会者のマーシャ・クラッカワー（現・聖心女子大学教授）と訪れたのが、リチャードとのはじめての出会いでした。

取材が終わると、リチャードは私に尋ねました。

「これから日本市場に進出しようと思っている。誰か優秀な経営コンサルタントを知っていたら紹介して欲しい」。

「あなたの目の前にいるよ」。私はにっこり笑って言いました。

即座に答えたものの、彼の突然の質問を私は全く予想していませんでした。しかし私の本職はまさに国際経営コンサルタントでした。その2年前に、日米の大手広告代理店同士の資本提携を仲介した経験を持っていたので、「これは自分ができる仕事だ！」という直感がしたのです。こんなチャンスは滅多にない、これは面白いプロジェクトになりそうだと思い、即座に立候補することにしました。

「それではあなたにお願いすることにしよう。太平洋地区の責任者はオーストラリアのシドニーに住んでいるイアン・ダッフェルというイギリス人だ」

「えっ？もしや彼は以前、英国ソニーでセールスマネージャーをしていた男ですか？」

「そうだよ。ソニーからヴァージンに転職してきたんだ」

「なんだ。ソニー時代、彼は私の部下でした。それは都合がいい」

「すぐに彼に電話をしてみよう」リチャードはそう言うと電話をかけました。

「イアンかい？リチャードだ。今、君のソニー時代のボスだったシューが、僕の目の前にいる。これから日本進出をふたりで協力してやって欲しい」。

電話を代わったイアンはびっくり仰天。

「シュー、久しぶりだね。ソニー時代は楽しかった。あなたが東京に帰ってから英国ソニーも元気がなくなって、僕はつまらなくなってしまっていた。そこにリチャードからの誘いがあって、ヴァージンに転職したというわけさ」。

イアンとの電話を切ったときから、このプロジェクトは成功間違いなしとの自信が芽生えはじめていました。既に信頼関係にある相手と、また仕事ができるのです。

そして数か月後、丸井との合弁会社「ヴァージン・メガストアズ・ジャパン」を設立、日本全国に大型ＣＤ・ＤＶＤ量販店を出店したのでした。

これから、私がリチャードから学んだことを紹介していきます。

Lesson 1

常に100%で挑む

「人生は短い。だから何でも楽しもう！（Life is short. Let's enjoy it!）」

これがリチャードの口癖です。その言葉通り、彼は毎日、ビジネス、趣味、友人、家族など全てに100%の力を注ぎ込んでいます。また彼はこんなことも言っています。

「人生もビジネスもアドベンチャーだ。（Life and business are adventures.）」

つまり彼は人生の全てのことに、ワクワク感を持ってチャレンジしているのです。ある意味でのだめもと精神を持っている気がします。そのように捨て身であらゆることにぶつかっていくのが、これまでの成功の秘訣だったのかもしれません。

経営コンサルタントの係数的な予測や分析よりも、自分自身の動物的なカンに基づき、新しいビジネスに挑戦したり、高速モーターボードでの大西洋横断などにチャレンジしたりしてきたのです。その不屈の精神と態度が世界でも一流だと思います。

彼のチャレンジ精神は新規事業をはじめるときの心構えに出ています。

「これまで独占状態ないしは寡占状態の業界では、新製品企画もサービスの質も価格も全て停滞してしまう。そういう業界に進出し、従来よりもいい商品やサービスを提供して価格も下げることが、ヴァージンの使命だ」。

こう言って、続々と新会社を設立しました。コカコーラとペプシコーラが独占していたコーラ飲料。英国航空が独占していた航空産業。大銀行が寡占していた金融業界。数社が寡占していた携帯電話市場。

これらにリチャードは殴り込みをかけ、いくつも成功させてきました。ヴァージン・モバイルの携帯電話はイギリスでは人気が高く、またヴァージン・マネーから住宅資金を融資してもらって、自宅を買い求める人も多くいます。まさに彼の挑戦が、イギリス人の日常生活の一部として定着しているのです。

このようにリチャードとヴァージン・グループがイギリス社会で受け入れられているのはなぜでしょうか。私なりに考えてみました。

・彼がオックスフォード大学やケンブリッジ大学出身のエリートでないこと
・彼の家が上流階級でなく、中流階級であったこと
・彼自身が高校中退のドロップアウトから始めて、現代のシンデレラストーリーを実現したこと
・チャリティ活動に熱心で、膨大な寄付を毎年していること

そんな自然体な姿がイギリス人に受け入れられているのでしょう。彼はイギリスで最も人気のある人物のひとりになったのです。

Lesson 2

リスクを恐れない

「リスクを冒さなければ、何も得られない（Nothing ventured, nothing gained.）」。
彼は16歳のときに学校を辞め、ビジネスをはじめようと決心しました。それを両親に

告げたとき、リチャードの父親がこの言葉を言ったのです。それ以来、この言葉は彼の行動規範となりました。

このリスクを恐れない哲学が、彼を熱気球による世界一周冒険に駆り立てました。それから30年たった今、地球を飛び出し、宇宙旅行を企画する会社を設立するまでになっています。

それは、これまで存在しなかった特別な宇宙用航空機を開発させることからはじまります。110キロメートル（エベレストの約12倍）の高さまでお客様を運び、無重力を体験してもらったあと、無事に地球までお連れするプランです。とても魅力的なプロジェクトだと思います。

1人当たり20万ドル（約2000万円）という価格にも関わらず、世界中からお客様が殺到し、訓練を受けながらフライトを待っています。

これこそ彼のチャレンジ精神そのものだと思います。地球上に飽き足らず、旅行やエンターテインメントビジネスを宇宙にまで広げてしまうリチャードの独創力には、つくづく感服させられます。次は月旅行も発売するかもしれませんね。楽しみです。

Lesson 3

人に期待し、チャンスを与える

彼には趣味とビジネスの境界線がありません。面白いと思ったことを、ことごとくビジネスに変えていきました。

音楽が大好きだったので、レコード会社を設立しました。

飛行機が好きだったので、ヴァージン・アトランティック航空をつくりました。ほかの航空会社のサービスが満足のいくものではなかったので、彼は素晴らしい食事、フレンドリーな客室乗務員、マッサージやバーなどの充実したサービスなどを提供し、世界一の評判を得るようになりました。

ある日、3人の女子社員が彼のところに来て、こう言いました。

「私たちは、ブライダルビジネスをはじめたいと思っています。ヴァージン・ブライドという名前で、結婚式から新婚旅行のアレンジまで全てやる会社です。きっと上手くいくと思います。ですから、ヴァージンの名前を使うことを許可していただき、資本金をいただけないでしょうか」。

リチャードはこのアイデアをすごく気に入りました。そして記者発表のとき、なんと彼自身がウエディングドレスをまとって会場に現れ、マスコミのカメラマンを喜ばせたのです。こういうお茶目な性格が、世界中にファンを多くつくることになりました。マスコミ受けも最高で、テレビや新聞が行うヴァージン・グループに関する報道はほとんどが非常に好意的です。彼のカリスマ性と気さくさがプラスに作用しているのでしょう。

彼はこのように、やる気のある人たちにヴァージンの新しいビジネスを任せました。彼の口癖にこんな言葉があります。

「自分よりも才能がある人たちを探し、彼らに楽しんで新しいビジネスをやってもらうことこそ、最高のことだと思うんだ。自分が全てをできるわけはないのだから」。

最初はレコードの通販からはじめたヴァージン・グループも、優秀な人たちが集まってくるうちに、次々と新分野に進出していきました。レコード制作、小売チェーン、航空、映画館、金融、鉄道などの会社を立ち上げ、現在では世界中に400以上の会社を有するに至ったのです。

Lesson 4

全力で遊ぶ

リチャードは遊ぶときも全力です。来日するとき、彼は商談を18時までに必ず終わらせるようにしており、そのあとの面倒を見るのが私の役割でした。それは仕事と言うよりは、プライベートな友達同士の楽しいつきあいでしたから、私も一緒になって大いに遊びました。

10年ほど前まで、六本木に大きなクラブがありました。そこでは100人ほどの世界各国からの美女たちがホステスを務めており、毎晩満員の盛況ぶりでした。

その隣の部屋にはカジノがあり、ブラックジャックのテーブルが5台ほどあって、リチャードと私はそこでしばらくギャンブルを楽しみました。ギャンブルで得たチップを使い、VIPラウンジでシャンパンを何本も空けました。リチャードを囲むミニパーティのようでした。彼の親しい友人たち数人と、ホステスの女性たちが夜中まで飲んで、笑って、喋って、楽しい時間を過ごしたのです。

飯倉にある「フェスタ」というカラオケに、リチャードをしばしば連れて行きました。ロンドンでは歌う機会がほとんどないので、ここに来ると羽目を外して歌に興じたのです。

イギリス人ですから、当然ビートルズの有名な曲はほとんど全てリクエストし、みんなで歌いました。他にも、カーペンターズ、アバ、スティングなどがお気に入りで、次々とリクエストを入れ、何時間も歌いました。朝の3時ごろにホテルに戻るのですが、10人ほどが全員リチャードの部屋までくっついてきて、また部屋でパーティが続きました。

翌朝私が目を覚ますと、8時。数人が眠りこけていました。

「リチャード、起きてくれ。今日は広島の平和公園での式典に出席することになっている。すぐに羽田空港に向かわないと、飛行機に乗り遅れてしまうよ！」

我々は急いで用意し、羽田に向かい、なんとか式典に間に合うことができました。

リチャードは仕事も全力でしたが、遊ぶときも全力だったのです。

こんなハチャメチャな友人関係は、彼とはじめて会って以来26年、今も続いています。

「リスクを冒して挑戦すること」を教えてくれた彼との関係は、国籍や社会的地位を超越した素晴らしい友情です。死ぬまで大切にしたいと思っています。

リチャードとロンドンの自宅にて

Essence

- 常に100%で挑む
- リスクを恐れない
- 人に期待し、チャンスを与える
- 全力で遊ぶ

あらゆるビジネスはリスクを伴う。
打ちのめされる覚悟をしておけ。
冒険なくして成功がやってくることは滅多にない。
失敗することもあるだろう。
だが、完全な失敗などというものは存在しないんだ。

リチャード・ブランソン（ヴァージン・グループ創業者）

Margaret Thatcher

気づかいと謙虚さ

マーガレット・サッチャー

（元英国首相、1925 - 2013）

「鉄の女」と呼ばれたサッチャーさんですが、彼女の素顔はとても謙虚で、感謝の気持ちを忘れない気品溢れる人でした。
最高の状態を維持するための自己管理、まわりの人たちへの気配り、自分の内なる哲学や価値観を効果的に表現する自己ブランディングなどは、一流そのものでした。そしてそれらに私自身も影響され、自分に厳しい生活態度を課することができるようになったのです。

▽ 契約書なしのマネージメント

１９９０年11月、私の長年の親友で世界的な人気作家、ジェフリー・アーチャー卿の講演会を東京で行ったときのことです。

彼と一緒に夕食を食べていたとき、テレビで「サッチャー首相、辞任」のニュースが流れました。それを見て私は、熱っぽく言いました。

「サッチャーさんが辞任されたのだったら、ぜひ日本にご招待したい。『鉄の女』の講演を日本の人たちに聞かせたいんだ」。

「マーガレットは長年の友人だ。ロンドンに戻ったら、彼女と話してみよう。君は日本での受け入れ態勢をすぐに整えてくれ」。

ジェフリーはロンドンに戻ると、すぐにサッチャーさんに会いに行ってくれました。そのときまでに、既に日本の広告代理店、新聞社、テレビ局などから「ぜひ日本に来てほしい」というサッチャーさんへのリクエストが殺到していたとのことでした。

そんななか、ジェフリーとサッチャーさんの長年にわたるプライベートなおつきあいが重要な役割を果たしたのです。ジェフリーは保守党の副幹事長としてサッチャーさんにお仕えしていたことがありました。彼が私の経歴や長年のつきあいなどをサッチャーさんに説明し、日本での代理人に指名することを強く勧めてくれたのでした。

「ジェフリーがそのシュー・ウエヤマさんを推薦するのなら、お願いするわ。そして日本にはジェフリーもぜひ私と一緒に行っていただきたいわ」。

サッチャーさんが快諾してくれたとの電話がジェフリーから入りました。

一方、私は日本での受け入れ態勢として、まず企業スポンサーを探しました。知人の紹介で、当時のNTTの社長さんにお目にかかることができました。

「植山さん、私の趣味は読書です。休暇になると郷里にこもって、好きな本を読むのが最大の楽しみなのです。そして、偶然にも私はジェフリー・アーチャーさんの大のファンで、彼の著書は全て読破しているんですよ」。

これは神様が引きあわせた素晴らしい偶然でした。一挙に親しいムードが漂いはじめ、NTTが「サッチャーさん日本招聘プロジェクト」の企業スポンサーになることを、社長さんがその場で快諾してくださったのでした。

その3か月後、私ははじめてサッチャーさんにお会いすることになりました。ジェフリーの親切な手配と紹介のおかげです。彼女は笑顔でこう言ってくれました。

「シューさん、お目にかかれて嬉しいわ。ジェフリーからあなたのお話はいろいろと伺っています。私を日本に招待してくださるとのことですが、嬉しいわ。全てあなたにお任せしますから、これらの会社に失礼のないように上手に仕切ってくださいね」。

驚くべきことは、サッチャー事務所と私の植山事務所との間に契約がまったく存在しなかったことです。なぜ私の個人事務所でそれが可能だったのでしょうか?

サッチャーさんにお目にかかった直後、ジェフリーと私との間で次のような会話がありました。

「シュー、私は長年サッチャーさんと仕事でも個人的にもおつきあいをしてきた。それにサッチャーさんは世界的な超VIPだ。そのような彼女の訪日プロジェクトを君に任せるのだから、失敗は絶対に許されない。わかっているな?」

彼は真剣なまなざしで私に言いました。

「もちろんわかっているよ。大手放送局や広告代理店からのアプローチを断って、無名の植山事務所を指名してくれたのは、あなたのおかげなのだから心底感謝しています。あなたの信頼を裏切るようなことは絶対にしないので、安心していてください」。

私は心が引き締まるような気持ちで、彼の手を握り締めました。

このような相互信頼による個人的つながりからはじまってプロジェクトチームが結成されていったことが、契約書を必要としなかった理由だと思います。今思い出してみると、誰も契約書を話題にしたことがありませんでした。それほど、私たちはお互いを信頼していたのです。

結果としては、１９９１年から10年間、お互いの義務を守り、万全の態勢で毎年彼女を日本に招待することができました。そして全てのイベント主催者にご迷惑をおかけすることなく、全国で講演会やチャリティ晩餐会を実施することができました。そして多額の講演料を集め、それをサッチャー財団に寄付することができたのです。

その寄付金をサッチャー事務所では、旧共産主義諸国の民主化支援、発展途上国の貧困や病気対策など、有意義なチャリティ活動に役立てていただきました。

それでは私がサッチャーさんから学んだことをご紹介いたしましょう。

Lesson 1

どんな人にも感謝する

サッチャーさんは、相手がどんな立場の人だろうと、感謝の気持ちを常に持ち続けていました。

ある日のことです。サッチャーさんはウイスキーソーダを飲みながらこうおっしゃいました。

「身分の高い方もそうでない方も、何かをしてくださった人たちに感謝の気持ちを持たなければいけません」。

私はサッチャーさんの日本での顧問を10年間務め、毎年彼女を日本に招待し、講演会やチャリティ晩餐会などをアレンジしました。ときには首相官邸に、ときには天皇陛下のお招きにより皇居にご案内しました。

イベントのたびに彼女は多くの人たちから、歓迎を受け、プレゼントをいただき、サッチャー財団への寄付を受けられました。

その都度、私は関係者の名刺を保存し、彼らにサッチャーさんの名前で礼状を作成していました。

彼女はそのひとつひとつに心を込めて *Margaret Thatcher* の直筆サインを書かれたのです。彼女からの礼状を受け取った人たちは、恐らく彼女のサインを家宝として末永く保存してくれていることでしょう。

どんな人にも感謝の気持ちを忘れない。これが、サッチャーさんの信念でした。

Lesson 2

徹底したプロ意識

サッチャーさんは、ものごとに対する準備を徹底していました。翌日に講演会があると、その原稿を前夜遅くまで入念にチェックし、リハーサルを繰り返します。彼女の演説が非常に上手であることは有名でした。その裏には十分すぎるほどの準備があったのです。

夜中の2時ごろまでベッドのなかで原稿を読み返し加筆訂正されていたことを、秘書のクローフィーさんが私にこっそりと教えてくれました。

それにもかかわらず、朝お目にかかると明るい笑顔を見せてくれます。睡眠不足の表情はまったく見てとれませんでした。逆に挨拶に伺った私の顔を見て、こうおっしゃいました。

「シュー、疲れているようね。しっかり寝ないとダメよ」。

それでもときどき、サッチャーさんは車のなかでうたた寝をされていました。

「私は cat nap（うたた寝）の名人なのよ。これが私のエネルギーの源泉よ」。

こんなエピソードもあります。サッチャーさんの講演会とその後のレセプションは、合計で3時間ほどになるのが通例でした。その間、彼女がトイレに行くのを見たことはありません。これは長年の訓練と配慮の結果でした。彼女のアシスタントは言います。

「サッチャーさんは、講演やレセプションの際に、絶対にお水を飲まないようにされているのです」。

本番のため、徹底的に準備をする。どんなコンディションでも人に疲れを見せない。講演会中は絶対に席を外さない。サッチャーさんには徹底したプロ意識がありました。

Lesson 3

質素な食事を楽しむ

あれほどの超ＶＩＰだったサッチャーさんですが、食事に関しては質素でした。ステーキとフライドポテト、飲み物はシャルドネの白ワイン。ステーキの味付けはシンプルな塩コショウだけ。

このような庶民的な面は、育った家庭が八百屋さんだったことに起因しているのかもしれません。また、その姿勢が彼女の人気につながっていたのでしょうね。

サッチャーさんをはじめて日本にご招待申しあげたとき、前もって彼女の秘書と打ちあわせをしました。そのなかのひとつが、彼女のお気に入りのウイスキーの件でした。

「サッチャーさんのお気に入りのスコッチは、フェイマス・グラウスです。これを買ってホテルの部屋に置いておくこと」。

酒屋に行き、尋ねたところ、こんな答えが返ってきました。

「フェイマス・グラウスは、２種類ございます。３年物が１７００円で、12年物は

２７００円です」。

サッチャーさんがお飲みになるのですから、当然私は２７００円の12年物を買って部屋に置いておきました。

そして、来日された日の夜、早速一緒に飲むことになりました。

「サッチャーさん、これがお気に入りのスコッチだと秘書さんから伺ったので、ご用意させていただきました」。

喜んで頂けるものと期待していたのですが、意外な返事が返ってきました。

「ノー、これは高すぎるわ。もっと安い普通のものがあるから、酒屋さんに行って取り換えてきてください。それからソーダ水も忘れずに買ってきてね」。

なんという庶民感覚なのだ！　私は彼女のつましさに感激しました。

「シューさん、スコッチをソーダで割れば、12年物も3年物も口の中でシュワーッとして、違いがわからないのよ。特に2杯くらい飲んだ後は、味はまったく同じよ」。

どんなにＶＩＰになられても、庶民感覚を忘れない。サッチャーさんの飾らない姿勢はとても素敵でした。

Lesson 4

気づかいで人を喜ばせる

私がサッチャーさんを日本にご招待するたびに、私の母もサッチャーさんにお目にかかり、いい友達になりました。年齢も近かったので、お互いに親しみを感じていたようです。

私の母親は、サッチャーさんの秘書のクロフォードさんを伴い、銀座カワムラに必ず行きました。カワムラは婦人服地の老舗で、シルクの服地をたくさん揃えている日本で最高級のお店です。母とクロフォードさんはそれらを見ながら、ロンドンでの流行色や、サッチャーさん好みの柄など話しあい、選んだものをサッチャーさんにプレゼントしたのです。もちろんサッチャーさんは大変喜ばれました。

サッチャーさんの素敵なところは、その服地をロンドンに持ち帰り、ドレスやスーツに仕立てるだけで終わらないところです。翌年また日本に来るときには、必ず持参して私の母の前で着て見せてくれました。その心憎いばかりの気配りに、母は感激していました。そしてその年もまたクロフォードさんと一緒に銀座カワムラに出かけて行き、その年のプレゼントを選んできたのです。

このシルクのプレゼントは10年間ずっと継続し、最後までサッチャーさんも仕立てたスーツやドレスを日本に持ってきては、母に着て見せてくれました。

サッチャーさんは２０１３年４月にお亡くなりになられましたが、今でも私たち家族にとって素晴らしい思い出となっています。

このように、サッチャーさんはちょっとした気づかいで人を喜ばせることができる人でした。

ここからは、サッチャーさんのご葬儀に招待していただいたときのお話です。

２０１３年４月10日、東京の英国大使館から電話をいただきました。

「サッチャーさんのご葬儀に、植山様ご夫妻を英国政府でご招待させていただきたいと思います。民間の日本の方で招待させていただいているのは、植山様ご夫妻だけです。ご参列いただけますか？」

何たる名誉なことだろうか！　もちろん私は即答し、ありがたくお受けさせていただくことにしました。

葬儀の会場のセントポール寺院に着き、厳重なセキュリティチェックを通過すると、荘厳なパイプオルガンの演奏が私たちを迎えてくれました。

定員2000名でしたが、おそらく1800名はイギリスの政財界の大物たちで、残りの200席が私たちのような外国人ゲストのために用意されていました。アメリカやヨーロッパ諸国の元首や王室関係者と並び、私たちふたりが参列できたのは本当に名誉なことでした。

葬儀はカンタベリー大司教がとり行い、キャメロン首相やサッチャーさんの孫娘・アマンダさんが聖書を朗読し、オルガンの演奏にあわせて全員で賛美歌を歌いました。荘厳で立派なご葬儀でした。

帰り際に、名画の近くで記念撮影をしましたが、そこにはなんとサッチャーさんの石膏の等身大の像が飾ってありました。しばしその像に見入り、ご冥福をお祈りしました。

Essence

- どんな人にも感謝する
- 徹底したプロ意識
- 質素な食事を楽しむ
- 気づかいで人を喜ばせる

サッチャーさんをはじめてお迎えしたときに

人の一生は、最終的にその人の品格に左右され、品格は自分をどう形成するかにかかっている。

マーガレット・サッチャー（元英国首相）

Jeffrey Archer

厳しい状況をも糧にすること

ジェフリー・アーチャー

（作家、1940- ）

「どんなに厳しい状況でも糧にすること」をジェフリーは教えてくれました。

ジェフリーは、その人生も作品も波瀾万丈です。

史上最年少の29歳でイギリス下院議員になったあと、詐欺被害にあい、全財産を失い議員辞職しました。借金返済のため作家になると、デビュー作が大ヒットし、ベストセラーになります。45歳で政界に復帰し上院議員になったものの、復帰と辞任を繰り返しました。その後、偽証罪で逮捕され、刑務所で2年間を過ごします。

それにもかかわらず、出所後に書いた獄中記がベストセラーになりました。

彼はいつもエネルギッシュで、会うたびに刺激を受けています。

▽ けんかから始まった友情

私が企画・司会をしていたテレビ番組「ハローVIP！」に出演していただいたことが、ジェフリーと会ったきっかけでした。ジェフリーは天才作家です。ただ、彼自身は「作家」と呼ばれるのが嫌いで、自分のことをストーリーテラー（語り部）と称しています。

「美しい文章を書く人を、作家と言う。私にそういう才能はない。でも、ストーリーを面白おかしく展開させることはできる。一旦私のストーリーを読みはじめたら、途中で本を置いて寝るなんてことはできない。だから私の読者は睡眠不足が多いんだ」。

天才は往々にして好き嫌いが激しい人が多いのですが、ジェフリーも例外ではありません。ジェフリーはまわりの人のことを、「好きな人」と「嫌いな人」のふたつのグループに分けてしまう傾向があります。彼が言いたいことをバンバン言うので、嫌になってしまう人も多いようです。しかし、彼はこちらがどう考えていようが全く感知せず、という様子でガンガン話し続けます。

「シュー、君は役立たずだ！（You are a useless object, Shu!)」

はじめてそれを聞いたとき、私はカチンときましたが、それに対抗して彼にこう言ってやったのです。

「あんたこそ、けちん坊なろくでなしだ！（You are a stingy bastard!)」

するとゲラゲラ笑いはじめて、愉快そうに私にこう言いました。

「俺にそんな口のきき方をする奴はお前さんがはじめてだよ。ましてや礼節をわきまえている日本人としては、前代未聞の発言だ。実に気に入ったよ！」

彼は私に握手を求めてきました。それが私たちの友情のはじまりでした。

それでは、私がジェフリーから私が学んだことをお伝えしましょう。

Lesson 1

転んでもただでは起きない

あるとき、ジェフリーに人生の挫折について尋ねたことがありました。

「名門のオックスフォード大学を卒業して、イギリスで最も若い議員になり、飛ぶ鳥を落とす勢いでしたよね。そのとき詐欺にひっかかってしまった。どんな状況だったのですか？」

「私もいい気になっていたんでしょうね。いい投資話があるから乗らないか？　と言われたんです。カナダにアクア・ブラストという会社があって、その株を買っておいたほうがいいという話を持ちかけられた。それに十分に調査もせずに乗ってしまったんです。脇が甘かったというか、バカだったというか。それで全てを失ってしまったのです」。

ジェフリーは静かに答えてくれました。

「でも、そこから不死鳥のように蘇りましたよね」。

「その通り。議員辞職したあと、自分に何ができるかいろいろ考えて、本を書こうという気持ちになった。それまで本を書いたことはなかったけれど、自分が騙された経験をもとに面白いストーリーが書けそうな気がしたんだ」。

「そしてそれが『百万ドルをとり返せ！』として出版されて、ベストセラーになった」。

「本当にラッキーだったよ。人間とは、自分でも気がついていなかった才能というものがどこかにあるんだね。それが私にとっては、本を書くことだったんだ。それをこのとき発見したんだよ。シュー、君にもそういう隠れた才能があるかもしれないよ」。

ジェフリーはそう言って、愉快そうに笑いました。

彼は偽証罪で2001年から2年間監獄に行きました。出獄後、彼にテレビ・インタビューする機会がありました。

「ジェフリー、出て来られておめでとう！　監獄はどうだった？」

「いろいろな人の人生について勉強させてもらったよ。麻薬中毒の若者の人生なんて普通では計り知れないものだからね。貴重な経験だったよ」。

ジェフリーが珍しく神妙な表情で静かに答えてくれました。

「それならまた勉強できるように、また監獄に戻りたいかい？」

私は彼にどなられるのを覚悟で、半ば冗談っぽく尋ねてみました。

「ノー、サンキュー」。

彼はにっこり笑いました。気心の知れた仲だからこそ聞ける質問に、彼も明るく答えてくれました。

彼の凄かったところは、獄中の2年間で原稿を書きためたことです。出獄してから続けざまに3冊ほど出版して、それらが全てベストセラーになりました。

彼はピンチに陥ったときにこそ次のチャンスを見つけ、ものにするのが上手でした。
「転んでもただでは起きない」ということを体現しているのです。

Lesson 2

一流もカジュアルも知る

ジェフリーは「一流」を好みます。

「シュー、ランチに行こう!」

そう言って連れて行ってくれたレストランは、「カプリス(Caprice)」。

「気まぐれ」という意味なので、ジェフリーにお似合い(失礼!)。ピカデリー通りの超高級リッツホテルの裏にある洗練されたおしゃれなレストランです。

料理はイギリス、ヨーロッパ、アメリカなどいわゆる「インターナショナル」なメニュー。ここに行けばVIPが必ずいると言われている場所です。

私たちが行くと、オーナーのジーザスが笑顔で迎え、ジェフリーのお気に入りのテーブルに案内してくれました。

「ダイアナ妃のお気に入りだったのを、私が受け継いだんだ」。

なるほど、ちょっと奥まった席にある、感じのいいテーブルでした。

「オーナーのジーザスは昔コロンビアからロンドンに来たんだ。おすすめはチキンミラネーゼ、ローストダック、ヴェニソン（鹿肉）、鯛のローストだ。どれも美味しいよ」。

高級感あふれるなかにカジュアルさが感じられる素敵なレストランで、素敵な食事を満喫しました。

ある日、ジェフリーが特注のミニクーパーを自分で運転し、迎えに来てくれました。普段は運転手つきのジャガーで移動しているのですが、週末は自分で運転するのがお好きなようです。

「このミニは特注で、気に入っているんだ。特に劇場街に行くときは駐車場に苦労するけれど、これだとどこでも停められて便利だよ」。

このあたりが本物の金持ちの余裕というものでしょうね。高級車に乗ってひけらかすのではなく、状況に応じ、小回りの利く、便利なミニを選択しているのです。

一流もカジュアルも知ったうえで、状況にあわせたものや場所のチョイスができる。ジェフリーはそんな粋な人です。

Lesson 3

伴侶を大切にする

そんなジェフリーですが、奥様のメアリーには頭が上がらない様子です。

彼女もジェフリー同様、オックスフォード大学出身。しかし彼女の専攻は化学で、イギリスでも有数のソーラー・エネルギーの専門家です。

彼女は長年ケンブリッジ大学病院の理事長をしており、その功績が認められ、2013年にDameの称号をエリザベス女王様から授与されました。そして、住んでいるグランチェスターの通りのひとつが、メアリー・アーチャー女史通り（Dame Mary Archer Street）と命名されたのです。

才能と美貌に恵まれたメアリーがジェフリーをサポートしてくれたので、彼は多くの著書を書くことができました。ジェフリーほどの天才で好き嫌いが激しく、ときには乱暴な言動を吐く男には、メアリーほどに優秀な女性が必要だったのでしょうね。お似合いのご夫婦で、ご一緒のところを拝見すると、ジェフリーが可愛く見えてしまいます。
「1963年にはじめてメアリーに会った時、ビートルズの『アイ・ウオント・トゥ・ホールド・ユア・ハンド』がヒットチャートで1位だった。それにあわせて、僕らははじめてダンスをしたんだ。この曲を聞くと、今でもそのころのいい思い出が蘇ってくるよ」。

2011年、メアリーはケンブリッジの病院で膀胱ガンの手術を受けました。7時間に及ぶ大手術になったものの、無事成功しました。

その手術の5か月後、メアリーは慈善団体への寄付金を募るため、チャリティ競技会に出場し、2マイル（3・2キロメートル）を走りました。笑顔で走る彼女の横には、ジェフリーがぴったりと伴走する姿がありました。

ジェフリーは本当にメアリーを大事にしています。そのことが、彼の制作活動にも活力を与えているのでしょう。

Lesson 4

チャリティ活動を積極的に行う

イギリスではチャリティ活動が盛んで、ジェフリーも積極的に行っています。

２０１１年に彼と絵画のビジネスを実施し、チャリティー活動を行いました。

ある日、ジェフリーから電話がかかってきたのです。

「シュー、日本で印象派の絵を何枚か探してくれないか。いいものがあれば是非買って、自分のコレクションに加えたい。6月にロンドンでチャリティ・オークションを予定しているんだ。そこでの利益の一部をチャリティに寄付しようと思っている」。

そこで色々とリサーチし、多くの人に会った結果、都内のある画廊から私は8枚の名画を買わせてもらうことに成功しました。モネ、シャガール、ビュッフェ、ウォーホールなど合計で3億円もの買い物でした。

２０１１年6月28日、私はジェフリーと一緒にクリスティーズのオークションルームにいました。私が日本から買ってきた8枚の他にも、何十枚もの彼のコレクションが1点ずつセリにかけられ、会場に来た人だけでなく、電話で入札してくる外国人コレクターが殺到しました。

ジェフリー・アーチャーが収集していた絵画を一挙に売り出し、チャリティに寄付するということで、世界中から買い注文がきたのです。彼の知名度はすごいものがあり、それで値段が高めに落札されました。

日本から3億円で仕入れた絵画の中の目玉、モネが予想以上の高値で売れたため、約1億円の利益を出すことができました。その結果、チャリティ団体に多額の寄付ができ、多くの人たちを幸せにすることができたのです。

ロンドンでのチャリティ・オークションが成功したあと、彼と静かにシャンパンで乾杯しました。私はふと、彼に尋ねてみました。

「ジェフリー、あなたは富も名声も築いた。もちろん人生は大きなアップダウンがあったけどね。やり残したことはあるかい？」

少し考えて、ジェフリーは答えました。

「英国の首相になれなかったことかな？」

ふたりで大笑いしました。

Essence

・転んでもただでは起きない
・一流もカジュアルも知る
・伴侶を大切にする
・チャリティ活動を積極的に行う

人生を楽しむには創造性が必要。
生きるためには美学が必要。

ジェフリー・アーチャー（作家　ストーリーテラー）

ジェフリーと彼のペントハウスにて

Jean-Paul Camus

自分の使命に誇りをもつこと

ジャン・ポール・カミュ

（カミュ会長、1945年-）

ジャン・ポールはコニャックメーカー、カミュ社の会長です。カミュ社は家族経営のコニャックメーカーとして世界最大規模を誇ります。

私は彼から、仕事に対するプライドと、自分をブランディングする大切さを学びました。

▽ 最高のおもてなしを受けた初対面

私が企画・司会していたテレビ番組「ハローＶＩＰ！」のゲストとして出演していただいたのが、彼との初対面でした。１９８８年のことでした。フランス・パリから撮影隊を連れ、バンで3時間かけてコニャックの町に行きました。のどかな田園地帯で、見渡す限りブドウ畑が続いていました。

ここにはカミュ社の他に、ヘネシー、クールヴァジエ、レミー・マルタン、オタール、マーテルなど世界で最も有名なコニャックメーカーの蒸留場があります。ブランデーの中でもこの地方でつくられたものだけが、コニャックという名称を使えることになっています。この地方の土壌には石灰質が多く含まれ、糖分が少なく酸味が強いブドウの栽培に適しているのです。カミュ社は創業から150年以上続く老舗で、世界中で高級コニャックメーカーとして君臨しています。

ジャン・ポールは、テレビ取材のとき、私と撮影クルー数人を自分で所有しているシャトーに泊めてくださいました。

また、フランス伝統のシュヴァリエ（騎士）の儀式をやっていただき、特別のメダルを用意し、それを私の首にかけ、剣で両肩を軽くさわって、私にシュヴァリエの称号を授与してくれました。その後、1945年産のコニャックをふたりで乾杯しました。トロトロとした口あたりのとても豪華なコニャックでした。

それでは、ジャン・ポールに学んだことをお話しましょう。

Lesson 1

文化的素養がある

彼は若い頃、ドイツのハイデルベルク大学に留学した経験があり、ドイツ語が堪能です。そして英語ももちろん喋ります。フランス人で英独仏を自由に喋れるビジネスマンは彼の世代では大変珍しいことです。また、カミュのコニャックは日本や中国でも人気が高いので、アジアへの興味も非常に高く、東洋文化への造詣も深いのです。

「ジャン・ポール、あなたには深い教養があります。どんな人を尊敬しているのですか?」

「音楽家ではベートーヴェン、作家ではヴィクトル・ユーゴー。科学者ではパスツール、そして科学者で芸術家だったレオナルド・ダヴィンチなどは素晴らしいですね」

「あなたの人生を支えてきた言葉などありますか?」

「グレアム・グリーンがこんなことを言っています。『友情は魂の放射である。これは我々が感じるものです。我々は、他の贈り物と引き換えに与えるものではありません』」。

その言葉には私も大いに共感しました。カミュさんのようなフランス社会の超ＶＩＰの方とこのように親しくおつきあいしていただけるのはなぜか。それは損得勘定ではなく、純粋にお互いのパーソナリティ、人生哲学、趣味、価値観などに惹かれているからです。それには「友情は魂の放射」という表現がぴったりだと思いました。

「私は神様に感謝しています。カミュ家に生まれたこと。妻のクリスティアンヌと出会ったこと。そして、あなたのような友人と出会えたこと。全て神様からの贈り物です」。

私はそれを聞いて、ジーンと胸が熱くなりました。国籍や立場を超越した友情は素晴らしいものです。

最後に私が日本から持参した版画をプレゼントすると、とても喜んでくれました。

「日本の版画が大好きです。これは北斎ですね。富士山がきれいです」。

「僕は逆にモネが大好きです。睡蓮と日本の太鼓橋が好きですね」。

そう私が言うと、彼も目を輝かせてこう言いました。

「モネは日本の浮世絵に心酔していたんですよ。彼のコレクションは大変なものです。それらに影響されて、その日本の橋を描いたのでしょうね」。

ジャン・ポールは遠く離れた日本への教養が豊かでした。彼と話をしていると、「こんなに日本のことを知っているなんて！」と感激の連続でした。彼のように文化的素養があると、外国の方と距離を縮めるのにあまり苦労しないかもしれませんね。

Lesson 2

誇りを持って仕事をする

彼は伝統のあるカミュ家に生まれたこと、コニャックづくりという仕事に携わっていることに誇りを持っています。

「２００４年に息子のシリルに社長を譲って以来、私はブドウ畑に専念しています。私がつくるブドウを使い、カミュのコニャックができるのです。ですから、私が品質の高いブドウをつくることは、カミュ・コニャックの品質を高めるうえで、最も重要なことです。最近の私の最大の喜びは、毎日ブドウが育つのを見守ることなのです」。

広大なブドウ畑のど真ん中にある彼の豪邸のベランダで、私たちは夕陽に輝く彼のブドウ畑を眺めていました。

「ブドウを育てるのは、まるで子供を育てるように、とても手がかかります。温度と湿度によって味が影響を受けるのです。ご覧のように我々のブドウ畑は見渡す限りの広大な土地ですから、スプリンクラーをつけるわけにはいきません。法律によって、基本的には水をやってはいけないことになっています。ですからブドウの出来は、全て天候に左右されるのです。そういうわけで、私は天気が荒れないことを毎日神様に祈っています」。

「それから収穫期には短期間で全てを摘み取らなければなりません。摘み取った後はそれを絞り、まずはワインにします。それを2回蒸留して、アルコール濃度が70％の蒸留液にするのです。その過程の手間は相当なものですよ。最後に樽詰めにし、何年も倉庫で寝かせます。実に気の長いプロセスなのですよ」。

彼がこれほど心血を注いでつくったブドウをから、世界一流のコニャックがつくられているのです。ジャン・ポールの曽祖父のジャン・バティスト・カミュが会社を創設したのが明治維新の頃。ジャン・ポールが4代目で、息子のシリルが5代目になります。

この伝統あるファミリービジネスを支えているのは、仕事に対する揺るがない誇りなのかもしれません。

Lesson 3

ブランディングを重要視する

「私にとってブランディングは重要です。他社との差別化のために、私は高級路線を選び、XOやナポレオンを世界中で売り出し、販路を拡大する努力をしました」。

カミュ社は、家族経営でブドウ園の規模も限られていることから、このような高級戦略を取っています。

他社は1年から2年寝かせた安いコニャックの売上が50％で、XOなど10年以上寝かせた品質のよいものは15－25％の売上です。それに対し、カミュ社では割合が反転します。高級なXOなどが売上の50％の売上を占め、安いコニャックが15－25％です。こういった他社との差別化、ブランディングが150年以上会社を続ける秘訣なのかもしれません。

会社だけでなく、個人のブランディングも徹底しています。ジャン・ポールはいつでも完璧にスーツを着こなしています。仕立ても布地も最高で、フランス貴族の雰囲気を漂わせています。常に笑みを忘れず、心の平静を保った完璧なジェントルマンです。

そして24年ぶりに再会して気がついたことは、彼は上手に年を重ねてきたんだなあ、ということでした。今の方がはるかにハンサムでチャーミングなのです。コニャックと同じように、年を重ねるほど味が出てきたのでしょうね。

ジャン・ポールと彼のシャトーにて

Essence

- 文化的素養がある
- 誇りを持って仕事をする
- ブランディングを重要視する

樽の中で熟成しているあいだ、
少しずつアルコール分が蒸発していく。
これをフランスでは、「天使の分け前」と呼んでいる。
年を重ねるごとにコニャックは味わいを増し、
それとともに「天使の分け前」も増えていくんだ。

ジャン・ポール・カミュ（カミュ社会長）

Vilim Vasata

信念をもつこと

ヴィリム・ヴァサタ

（Team BBDO会長、1930- ）

信念をもつことの大切さをヴィリムは教えてくれました。彼はドイツの広告代理店Team BBDOの会長です。彼のデザインの能力、経営者としての手腕は見事で、日本文化を愛する姿勢は日本人以上のものです。

▽ 世界一流のグラフィック・デザイナー

ヴィリム・ヴァサタ氏は、世界最高級のグラフィック・デザイナーで、かつドイツ最大の広告代理店 Team BBDO の創設者兼会長です。クロアチアの首都ザグレブの出身ですが、ドイツのデュッセルドルフに移住し、広告代理店を立ち上げました。多くの苦労を重ね、強靭な意志とエネルギーでトップに到達しました。

私は35歳でソニーを辞め、世界最大級のアメリカの広告代理店BBDOワールドワイド社のエグゼクティブ・カウンセラー（経営顧問）になりました。世界各国のBBDO系列会社の社長が集まる会議が毎年、世界の主要都市で行われ、そこでヴィリムと知り合いになりました。ヴェニスでのグローバル・ミーティングではじめて出会い、すぐに仲良くなったのです。

その後も毎年、会議がニューヨーク、ロンドン、パリなど世界各国で行われるたびに、彼と親交を深めていきました。彼の気配りや礼儀作法が非常に日本的で、お互いに特別の親近感が生まれ、30年以上経った現在でもやりとりが続いています。

▽銀座マキシムでロゴを採用される

私がソニー本社の宣伝部次長だった頃、「ソニーのロゴタイプをデザインしませんか？」というデザイン・コンテストを実施しました。NewsweekとTIMEで全世界に広告を出したのです。

「世界のソニー」からの広告だったので、グラフィック・デザイナーの間で話題になり、世界各国から沢山の作品が集まりました。

そして何千点の応募作の中から第1位に選ばれたのが、なんとヴィリムのデザインだったのです。デザインの専門家たちから圧倒的支持を受けたのでした。このデザインは非常に芸術的で、ソニーが所有している銀座のメニューで使用されることが決まりました。

そのデザインは既存のフォントには見られない独創的なものでした。「未来的」「ハイテク」それでいて「人間的」なものを感じさせる素晴らしいデザインです。

彼は東洋的な哲学、美術、建築などが好きで、その美しさの真髄はシンプルであることと信じています。それがこのデザインにも見事に表現されていました。

彼がもともとクロアチアのザグレブ出身であるということも彼を東洋に引き付ける一因となっているのでしょう。彼の複雑な民族的、文化的背景が、最終的にはシンプリシティに集約されている点が、悟りの境地に到達した仙人を想起させるのです。

私は彼を、独特の深みを持った素敵なアーティストだと感じています。

それでは、ヴィリムから学んだことをお伝えしていきましょう。

Lesson 1

洞察力があり、思慮深い

ヴィリムの最大の特徴は、哲学者を彷彿とさせる洞察力、思慮深さです。黒縁のメガネをかけ、静かに淡々と語る言葉には、彼の知識と深い思考力が感じられます。それが多くの人々を引き付け、リーダーシップにつながっているのでしょう。ドイツの一流のクリエイターたちが彼を慕って集まり、Team 社は成長を続けました。

ＢＭＷ、ベンツ、ＢＯＳＳ、ブラウン、バイエルなどの超一流企業を次々とクライアントにし、急成長を遂げました。代表作のひとつである、アウディの車がスキーのジャンプ台を逆走するテレビコマーシャルでは、カンヌ広告会議でグランプリを受賞し、そのクリエイティブの水準の高さを世界中に示しました。

そしてアメリカの大手広告代理店の BBDO と資本提携を結び、Team BBDO となりました。BBDO 社のグローバルなネットワークを利用し、ヴィリムの活動もますます大きなスケールへと発展していったのです。

彼は２００１年にドイツ広告業界の殿堂入りを果たし、現在はエッセン大学でデザインと広告に関する講義を行っています。

彼と一緒に京都に行ったときのことでした。竜安寺に案内すると、彼は意外なものに注目したのです。

「シュー、これを見てごらん。庭に降った雨水が集まり、この穴から下に流れていく。落ち葉が入って管が詰まらないように、鉄製の丸い枠が置いてある。このデザインがなんとも日本的で美しい。こんな小さなところにまで美的感覚が及んでいるなんて」。

彼はしきりに感心していました。彼が根っからのデザイナーであり、思慮深いことを教えてくれる出来事でした。食事をしながらこんな話をしたこともあります。

「プロのデザイナーとして、そして作家として、私はシンプルという境地に到達したんだ。私が執筆中の本の題は『単純。それだけ。(Simple. Not more.)』。14世紀のイギリスの哲学者オッカムのウィリアムも、全ての真実は単純のなかに存在すると言った」。

彼はグイッと日本酒を飲み、こう続けました。

「私はこういう信念を持っている。創造的であるということは、無関心を克服することだ。だから私は精神的にスティーブ・ジョブズに近いものを感じる。彼もシンプルということを大切にしていた。彼がここ京都の御所の庭を見た時に、まさにシンプルさの真髄を見たのだ」。

彼の熱弁は続きました。

「私にとって、物質は意味を持たない。想像と勇気だけが重要なのだ」。

彼の洞察力と思慮深さには、いつもはっとさせられます。

Lesson 2

仕事の根底にポリシーがある

彼の日本文化への興味と知識、優れたグラフィックアートの才能などを語ってもらおうと、日本に招待して講演をやってもらいました。含蓄のあるいい話で、欧米のデザインと日本のデザインとの比較や歴史的背景などを説明してくれて、日本のクリエイターの皆さんも感心して聞いていました。

特に彼が言った「形は性能に追従する。（Form follows function.）」という言葉は、今でもはっきりと記憶に残っています。つまり、物の性能を追求すると、それが最高に作動するときのデザインというものは自ずと決まってくる、という考え方です。自動車や新幹線のデザインを見ると、うなずける理論です。

彼が1位になったソニーデザインコンテストの時の話をしたことがありました。

「ヴィリム、あの芸術的なデザインは素晴らしかった。どんなインスピレーションを感じて、あれをデザインしたのですか？」

「あれこそ日本の書道からヒントを得たのだ。日本の書を私は毎日見てきた。ほとばしるような生命力、精神力、パワーをその書から感じていたんだ。私は筆のタッチが大好きだ。それをSONYに当てはめてデザインしたら、あの作品になったというわけさ」。

モネが浮世絵の影響を受けた話は有名ですが、ヴィリムもまた日本の書道から影響を受けて世界一のロゴタイプのデザインをやってのけたのでした。

「デザインは性能の一部分であること」「文化的背景からインスピレーションを得てデザインすること」。

彼のデザインにはいつもポリシーがあり、それがデザインに奥行きを与えていました。

Lesson 3

好きなものを追求する

ヴィリムは、好きなものを追求するタイプです。

「私と家内のギゼラは、前世は日本人だったと信じているんだ。日本文化、慣習、美的センスなど全てが大好きだ。日本に行くと、故郷に戻った気がするよ」。

ヴィリム夫妻と京都見物をしたとき、彼はこう言いました。

「私は平安時代のお姫様だったのよ。京都が世界で一番好きです」。

とギゼラさんも幸せそうな笑顔でおっしゃいました。

「シュー、この小さな水の入り口のデザインを見てごらん。ただ単に雨水が落ちる場所だが、美しい模様が彫られている。素晴らしい！」

ヴィリムはお寺の廊下の下を指さしながら、目を輝かせて私に言いました。

20年ほど前、私と家内はドイツに行く機会があり、ヴィリムの自宅を訪ねました。すると、デュッセルドルフ郊外の田舎町に忽然と日本家屋が建っているではありませんか。なんとそれがヴィリムの自宅だったのです。

「日本から建材を取り寄せて、日本人の大工さんに建ててもらったんだ。ドイツでたった一軒しかない日本家屋だろうね」。

ヴィリムは自慢げに話してくれました。中を案内されたのですが、障子や床の間もあり、絵皿や花瓶などの日本の調度品も多く飾ってありました。日本の普通の家庭よりもはるかに日本的でした。

「私が平安時代のお姫様だったと言った意味がわかったでしょ？」とギゼラさんが幸せそうに微笑みました。

一流とは、仕事も趣味も、「好き」をとことん追求する人のことなのかもしれません。

Lesson 4
尊敬する人がいる
「シュー、お願いがひとつあるんだ」

東京での講演会を終え、ヴィリムが私に言いました。

「京都に森田子龍先生という書家がいらっしゃる。私は彼の前衛的な作品を収集していて、ドイツに飾ってあるんだ。その作者の森田先生にぜひお目にかかりたいと思うんだけれど、彼の住所や電話番号がわからない。なんとか探してくれないか?」

私はあらゆる手段を使い、森田先生の消息を突き止め、アポを取りました。奥様が電話に出られて、私がヴィリムのことを説明し、ぜひ表敬訪問に伺いたいと伝えると、快諾していただきました。

ヴィリム夫妻と私の3人は、新幹線で京都に移動し、森田先生のお宅にお邪魔しました。ヴィリムが静かに語ります。

「森田先生、お目にかかって、大変に光栄です。私はドイツのデュッセルドルフから参りました。先生の書を3点所蔵しております」。

「遠路をようこそいらっしゃいました。私の書を気に入っていただいて、嬉しいです」。

森田先生がにっこり微笑まれました。

「朝起きるとまずベッドルームの1枚が日に入ります。そしてリビングルームにもう1枚。会社に着くと、私の会長室にもう1枚置いてあります。ですから、1日のうちで何度も森田先生の書を拝見しているのです」。

「それはありがとうございます。ヴィリムさんと私は、作品を通じて毎日会話をしていたんですね」。

森田先生が静かにそうおっしゃると、静寂が流れました。

そして大粒の涙がヴィリムの目から流れ落ちてきました。ギゼラも私も感激して、次々と涙にくれてしまったのです。森田先生はヴィリムの手を握り、「ありがとう、ありがとう」と何度もおっしゃっていらっしゃいました。

森田先生は1998年に亡くなられましたが、この京都での時間は一生忘れることのない感動的な経験となりました。

ヴィリムのような才能豊かな人にも、尊敬する人がいました。もし、自分自身が人から尊敬される立場になることがあっても、ヴィリムのように謙虚な気持ちで人をリスペクトする気持ちを持ちたいものです。

Essence

・洞察力があり、思慮深い
・仕事の根底にポリシーがある
・好きなものを追求する
・尊敬する人がいる

オフィスで執筆中のヴィリム

最高のデザインは、機能の究極のシンプルな形である。

ヴィリム・ヴァサタ（Team BBDO会長）

Column

品格を身につけるには？

何度か触れましたが、私は世界各国のＶＩＰの方達をテレビインタビューする機会に恵まれました。これを通じ、彼らのパーソナリティ、知性、気品、気づかいなどに接することができ、本当の品格というものに触れることができました。

前章では紹介しきれなかった方について取り上げながら、一緒に「品格」について考えてみることにしましょう。

Isaac Stern

揺るぎない自信に裏打ちされた慈愛

アイザック・スターン

（バイオリニスト　1920-2001）


私がニューヨークの御自宅にお邪魔したのは、１９８８年のことでした。セントラルパークに面した高級アパートで、まだお元気にご活躍中でした。ユーモアのセンスをお持ちで、時々ジョークを交え、ご自分の人生を振り返って話していただきました。

「私がまだ1歳のときに、両親がロシアからアメリカに移住し、サンフランシスコに住みつきました。そこではじめて母から音楽のてほどきを受けました。15歳のとき、交響楽団との共演でデビューしたので、私の音楽の故郷はサンフランシスコですね」。

「日本でバイオリンを習っている若い人たちにアドバイスをいただけませんか？」

「実際に聴かないでアドバイスをするのは難しいですが、たとえばドからミに移る場合、いろいろな演奏の仕方が考えられます。『ド、ミ！』と強く叩くように弾く場合。『ドーミー』と柔らかく歌うように弾く場合。『ドーミ！』と最初は歌って、最後にちょっとジャンプするように弾く場合」。楽しそうに話しながら、スターンさんは続けます。

「重要なのは、作曲家がどんな気持ちでその部分を書いたのかを理解することですね。そして、あなたがどんな気分を再現したいか。楽譜をなぞる奏法ではなくて、どんな感情移入をするかで、聴いている人たちの受ける印象が変わってきます」。

スターンさんの眼は輝き、言葉に張りがみなぎり、お顔には愛情に満ちた笑みが浮かんでいました。

「バイオリンの演奏は、人間が話すのと似ています。話しっぱなしで息をしないと苦しくなって、話ができなくなってしまいますよね。バイオリンでも演奏の途中で何回も息をするように、空気を送ってあげることが大切です。それじゃないと、こんな風に息が続かなくなりますよ」。

悪戯っ子のような表情で、息がなくなり、もう話せない様子を実演してくれました。

これがひとつの芸に秀でた音楽家の、自信と余裕の表れだと強く感じました。その裏には、どれほどのご苦労と長年の精進があったことでしょうか?

「品格」とは、揺るぎない自信に裏打ちされた慈愛だと悟りました。

Helene Rochas

苦労に負けない強さと美しさ

エレーヌ・ロシャス

（フランス化粧品会社・ロシャス社元会長　1927-2011）

パリの高級アパルトマンに彼女を訪問したのは、１９８７年でした。彼女がちょうど60歳の頃で、ブルーのドレスをエレガントにまとい、迎えてくれました。

「私が夫のマルセル・ロシャスに会ったのは、まだ私が18歳のときです。地下鉄のプラットフォームで『お嬢さん、帽子がお似合いですね！』と彼が声をかけてきたのです」。

昔の事を思い出すように、遠くに眼差しをやりながら話してくれました。

「彼は大変ハンサムで、髪が黒く、日焼けしていました。そして帽子のモデルとして私を雇ったのです。洋服のモデルとしては、若すぎると思ったのでしょうね。彼は22歳年上でしたが、すぐに結婚しました」。

「結婚記念のプレゼントとして、『ファム（Femme）』という香水を特別に開発し、発売したところ、とても人気が出たのですよ。ふたりの子供も授かり、幸せの絶頂でした。

しかし、1955年に突然マルセルが亡くなり、私がロシャス社の社長を引き継ぐことになったのです。その当時、28歳。大変苦労しました。なぜなら結婚後、私は家事に専念しており、彼のビジネスにはまったく関わっていなかったのです。ですから、製品企画、生産、販売、広告、人事、経理、資金繰りなど、全てをゼロから勉強する必要に迫られました」。

彼女はビジネスを香水だけでなくファッションにも拡大し、ロシャスを有名ブランドに育てました。そして彼女はパリ社交界の花形として注目を集めました。

そして1960年には自分自身の名前を冠した香水『マダム・ロシャス』を発売します。存命中の人の名前をつけた香水は、これが歴史上はじめてでした。

「フローラルな香りが上品で好きです。エレガントなセクシーさを演出してくれますからね。私の大好きなブルー・ルームにご案内しましょう。ここはマルセルと私の思い出が、いっぱい詰まっている部屋なのです」。

なんと彼女の寝室にテレビカメラがはじめて入ることになったのです。そこでまた延々と私たちの会話が続きました。壁にかけられたアンディ・ウォーホール作の彼女の肖像画が今でも私の脳裏に焼きついています。

若くして社長になり、苦労を沢山したことでしょう。それを乗り越えた強さと内面から溢れる美しさこそ「品格」だと感じました。

日本人が身につけたい心からのおもてなし

ここからは、私がお手本にしている日本人についてお話したいと思います。

私の親友、藤井信孝さんは日本最大の墜落防止装置メーカー・藤井電工の社長さんです。私がおつきあいするようになってから、すでに十数年になりますが、私が特に感心していることは、「おもてなし」に対する彼のこだわりです。

普通なら秘書に全て任せてしまうような会食のセッティングを、彼は自ら進んで行います。たとえば、事前にレストランを予約しに行き、当日出すメニューを自ら試食します。また、お土産に渡すプレゼントは、自分が使ってよかったもの、もらって嬉しかったものしか選びません。

会社の遊休地を利用した「ふじいファーム」での野菜づくりにも、「おもてなしの心」が表れています。「ふじいファーム」でできた完全無農薬の野菜を、彼は取引先への贈りものとして利用しています。東日本大震災の際には、新鮮な野菜が入手しにくい時期があり、そのときにふじいファームの野菜が大変喜ばれました。他にも、懇親会で使うレストランへ予め送り、オリジナル野菜を使った料理を皆様に振る舞ったりします。手間暇かけて育てた完全無農薬の野菜は、スーパーなどで販売している野菜と違い、大きさも形も様々ですが、真心を込めてつくった野菜を贈ることも彼のこだわりのひとつです。

藤井さんには、相手をリラックスさせ、楽しませる天才的な才能があります。しかし、それは周到な準備と気配りがあるからだということを、私は知っています。「おもてなしをするときは、心を込めて」ということをいつも藤井さんは教えてくれます。私も彼を見習って、皆様をおもてなししたい、楽しんでいただきたい、と考えています。

努力すれば「品格」は手に入れられる

私のような普通の人間でも、努力すればある程度の「品格」を身につけることができると考えます。その際、内面的なことが非常に重要です。世界のどんなトップクラスの人と知り合いになっても、きちんとした会話ができ、真心でおつきあいできるためには、自分がそれだけの中身を備えていなければなりません。

・常日頃から勉強、修養を重ねる
・相手の立場、歴史、文化的背景などを尊重する気配り
・いい人に出会った素晴らしい偶然に感謝して、その友情を育てていこうと努力する

肩肘を張らずにリラックスして、相手を包むような気持ちで話をしてみてください。相手の人もナチュラルに話してくれるでしょう。ほんのちょっと意識するだけで、知らないうちに、あなたにも「品格」が備わってくるでしょう。

第2部

次のステージへ行くために必要なこと

The necessary steps for your next stage

00 教養とは何か？

第1部では、私がこれまで一緒に仕事をしてきた「世界の一流」とのエピソードを交え、仕事における「品格」について書きました。彼ら一流に共通しているのが「好奇心があり、行動力があること」です。

それでは、次のステージにあなたが進み、より責任あるポジションでより大きな仕事を成し遂げるためには何が必要でしょうか。

それは、これまでの生活パターンと価値観を思い切って変える勇気です。より多くの部下を率いるためには、より大きなリーダーシップを身につけなければなりません。彼らをモチベートするためには、彼らが納得するような話ができるだけのコンテンツと説得力をあなたが持っていなければなりません。

責任者として、他社の人たちと接する機会が増えてきます。そこでは、会社を代表して話をするだけの知識、教養、マナー、品格がますますあなたに要求されます。

では、それらをどうやって勉強し、自分のものにしていったらいいのでしょうか。

仕事のスキルを充分身につけ、これから次のステージに進もうとしているあなたの武器となるのが「教養」です。「教養」が必要だと薄々気づいている方も多いのではないかとお察しします。

ところで「教養」とは一体、何でしょうか?

狭義では「知識がある」ということと同義語として使われています。しかし、もう少し掘り下げてみると、単に多くのことを知っているという表面的なことだけでなく、「洞察力がある」「思慮深い」「魅力的なパーソナリティを持っている」などの「内面的な要素」が含まれていることに気がつきます。

さらに追及していくと、知識と内面的な要素を、「いかに的確にまわりの人たちに伝えられるか」が大切だとわかってきます。どれほどいいものを内面的に持っていても、それらを言葉や表情で効果的に伝えることができなければ、宝の持ち腐れでしかありません。「コミュニケーション能力」が重要なのです。

これら「内面的な要素」「知識」「コミュニケーション能力」の全てを身につけることによって、私たちは「教養人」に近づくことができます。

ここまで語っておいて言うのが憚られますが、私も完璧な教養人であるわけではありません。教養といっても、色々な分野のエキスパートが必ずいますし、接する人によっても興味関心が違います。どんな話題にもついていける、という人はいないに等しいと言っても間違いではないでしょう。

まず、皆さんにアドバイスしたいことは、「完璧に教養を身につけようとしないこと」です。どんなに教養ある人でも、必ず知らないことは存在します。知らないことを、謙虚に学ぼうとすることこそ、教養の第一歩なのです。

「教養」は身につければ必ずあなたの武器になります。しかし、その武器はどんなに身につけても完全にはならないこと、常にアップデートしていく必要のあるものだということを覚えておいてください。

これから始まる第2部では、私のこれまでの経験をもとに、自分にとっての「教養」についてお話ししていきます。

第2部は、はじめに教養を身につける前に考えておきたいこと、つまり「内面的な要素」について説明していきます。次に教養の身につけ方、つまり「知識」の面に関して、最後には教養の活かし方である「コミュニケーション能力」に関して、それぞれご紹介します。これら「内面的な要素」「知識」「コミュニケーション能力」を身につけることにより、私たちは「教養のある人」に近づくことができます。

何度も言いますが、私は完璧な教養人であるわけではありません。しかし、世界一流の人たちとビジネスをともにすることができました。

みなさんには、教養の身につけ方のご提案と、これくらいの教養でもビジネスの世界で充分通じる、ということをお伝えしたいと思います。

決して、完璧な教養を目指す必要はありません。

大切なことは、ビジネス・パーソンのあなたが「教養」を身につけようと努力し、好奇心を持って行動することなのです。

教養を磨くために考えておきたいこと

内面的な要素

[Inner qualities]

01

人生哲学

積極的に、そして刹那的に生きる

▽ 積極的刹那主義を悟る

教養を身につけようとする前に、自分の「人生哲学」を持つことをおすすめします。「積極的刹那主義」。これが私の人生哲学です。現在69歳、おかげさまで健康状態は極めて良好です。

しかし、過去に死にかけたことがあります。大学4年生の時、企業留学を終えてドイツから帰国した途端に、下血がありました。病院で調べた結果、結腸ガンと診断され、すぐに手術。医者は97％はダメだろうと両親だけに告げていたようですが、私には「おできができているから、取る手術をします」と言いました。自分はまったく疑うことなく、「先生、思いっきりバッサリ切ってください」と笑顔でお願いしました。

幸運なことに、私の手術は3％の可能性で成功したのです。しかし10年後のある日、慶應義塾大学病院の医者をやっていた友人が真実を告げてくれました。

「僕の専門は病理だから、シューちゃんの執刀医の先生に特別にお願いして、切り取った細胞を顕微鏡で見せてもらったんだ。立派なガンだった。他に転移していなかったことは、奇跡に近いよ」。

それを聞いた途端、私の目から涙が溢れました。悲しみの涙ではなく、2番目の命をいただいたことへの感謝の涙でした。そしてこのとき私はひとつの決心をしました。

「神様から授かった2つ目の命を大切にしよう。いつまた再発するかわからないから、今日を最後の日だと思って、一生懸命に生きよう。24時間を2倍、3倍の濃度で生きるんだ。大いに仕事をやり、家族を愛し、友人を大切にし、感謝の心を持って、毎日を生きよう」。

そしてこの考え方に「積極的刹那主義」と名前をつけました。つまり、一生はほんの一瞬（刹那）だ。それを悟った上で積極的に生き、完全燃焼して果てようという人生哲学です。

これは私の親友でヴァージン・グループのリチャード・ブランソン会長の哲学と通じるものがあります。別項でもお話しましたが、彼が高校を中退しビジネスをはじめようとしたとき、彼の父上が言った言葉と共鳴するのです。

「リスクを冒さなければ、何も得られない。(Nothing Ventured, Nothing Gained.)」

▽ 充実していたソニーを辞め、独立

私は大学卒業後、一旦ある会社で働いたあと、ソニーに入社しました。そのあと、英国ソニーの販売部長や本社の宣伝広告部次長などの要職を歴任させていただきました。当時の盛田昭夫社長、大賀典雄副社長、盛田正明専務などからも可愛がっていただき、ソニー生活は充実していました。

ところが35歳のとき、アメリカの優良企業2社から同時にコンサルティングの依頼を受けました。それがきっかけで、自分のコンサルティング会社を設立しようと決心したのです。この決心を盛田昭夫会長に伝えたとき、こう言われました。

「シュー、何が不満なのだ？ 私たちは君を10年も早く宣伝部長にしてあげたんだよ。ソニーにいれば、アメリカにまた赴任してもらって、有望なキャリアが待っている。それに独立するよりは、全ての面で保証されていて安穏だよ」。

そのような温かい言葉を振り切って、日本一のエリート企業を飛び出し、ひとりきりで会社を設立する暴挙に出たのです。この背景には、「積極的刹那主義」の哲学が働いていたんだなと、今になっては思います。

▽ もしソニーに留まっていたら？

ソニーを辞めて、33年経ちましたが、その間いろいろな経験をしてきました。

・世界最大の広告代理店ＢＢＤＯと日本のＡＤＫの資本提携をアレンジしました
・本を42冊書きました（２０１４年３月に出版する２冊を含めると44冊）
・テレビ東京で世界のＶＩＰをインタビューする「ハローＶＩＰ！」という番組の司会をやりました

・ＴＢＳラジオの「好奇心の大統領」という番組でイチローの奥様になった福島弓子さんと共同司会をしました
・日経ＣＮＢＣで「ＶＩＰグリーンサロン」というインタビュー番組で司会をしました
・ヴァージン・グループのリチャード・ブランソンとコンサルティング契約を結び、ヴァージン各社の日本進出を実現しました
・マーガレット・サッチャー元英国首相の日本代表を10年間務め、毎年日本にご招待しました

一方、もしもソニーに留まっていたら、どんな人生だっただろうかと考えたことが何度もあります。おそらく次のような仕事をしていたのではないでしょうか。

・ソニーアメリカに赴任して、役員？（アメリカ赴任の話はすでに出ていました）
・帰国後ソニー本社の役員？（帰任すればの話。そのままアメリカで退職したかも）
・それとも喧嘩をして、関連会社に左遷されたか、退職してたかも。

私たちはふたつの人生を歩むことができないので、ソニーにいた場合はどうなったのか、まったく推測がつきません。

映画の章でも書いていますが、「スライディング・ドアーズ」という、ふたつの人生を交互に描いている面白い映画があります。自分自身の「スライディング・ドアーズ」は不可能ですから、自分で決断した現在の人生でよかったのだ、と信じています。また、自分で下した決断を、自分自身で正しいものにしていく努力も必要ですよね。

▽ 今すぐに誰でも実践できる生き方

「積極的刹那主義」的生き方は何歳からはじめても遅すぎることはありません。私は30歳からはじめました。そう考えて38年間を生きてきましたから、その間の濃度が非常に濃かったと思います。それで普通に生きていては体験できないような色々な仕事ができましたし、世界各国に行くこともできました。

皆様はきっと私よりも相当にお若いでしょう。しかし、人生は永遠にあるなんて考えてはいけませんよ。もしかしたら、来年自分はこの世にいないかもしれない、くらいの一種の危機感を持って、毎日を力いっぱい生きてみてください。きっと日々の満足感、充実度が増えると思います。

もしかしたら、「積極的刹那主義」は自分には合わない、という方もいらっしゃるかもしれません。そういった方にはどんなものでもいいので、「自分の人生哲学を持つ」ということをおすすめします。そうすれば、何か困難なことが起きたり、迷いが生じたりしたとき、スムーズに軌道修正ができるようになりますよ。

Points

- 積極的刹那主義を人生哲学に持つ
- 自分の決断を自分自身で正解にする
- 人生哲学を実践する

02 教育

自分の考えを持ち、意見交換を活発に行う

私は現在、母校の一橋大学でグローバルビジネスに関する講義を英語で行っています。また、企業からの依頼を受け、海外要員のためのグローバル教育に携わっています。みなさんも、自分の仕事が世界とつながっていることを感じる機会が、これからますます増えていくことでしょう。今後、日本の将来を担う子どもたちがグローバルに活躍するために、どんな教育が必要なのか、この項では考えてみたいと思います。

▽日本の教育に変化が求められている

30年ほど前、教育レベルの国際比較をすると、日本はトップ3に必ず入っていまし

た。当時、日本の教育水準は世界最高峰だったのです。

それが最近では、日本の学生の多くがあまり勉強をしなくなりました。その間に諸外国の学生たちは猛烈な勢いで勉強し、その結果、日本を追い越してしまいました。友人のジェフリー・アーチャー卿が私にこう言ったことがあります。

「ハーバード大学の入学者を試験の順位で決めたとしたら、ほとんどが中国人になってしまう。それほど、中国人の受験生の水準は高い」。

確かに、中国や韓国、シンガポールには優秀な学生が多くいます。またアメリカのハイスクールの学生たちも、ハーバードやスタンフォードなど一流大学に入るため、実によく勉強します。そして大学に入ったあとも、多くの宿題や論文を書き、クラスで積極的に発言します。真剣に勉強しなければ、卒業できないからです。

一方、日本の高校生も、とにかく一流大学の入学試験に合格するために、がむしゃらに受験勉強をします。しかし、合格した瞬間に、人生の目標がなくなったように遊ぶ人たちがほとんどです。多くの人にとって大学入学が大きな目標となっており、そのあとのことを考えていない傾向にあります。

もちろん大学側にも問題がたくさんあります。学生たちの声を聞いてみると、その惨状が明らかになってきます。

「大学に入ってみたものの、教授が下を向いて昔の教科書とノートをつまらなそうに読んでいるだけ。授業が退屈なので、僕たち学生はスマホを見ていたり、居眠りしていたりします。『なんだ、これが長年夢見ていた大学なのか？　こんな授業を受けるために、あの熾烈な受験戦争を戦ってきたのか？』という無力感と絶望感に襲われます」。

大学の教授のほとんどは、学生たちに最高の講義をすることよりも、自分自身の研究に興味があるようです。学生ばかりでなく、教授たちにも問題はありそうです。

日本の大学はまずい、と嘆いてばかりはいられません。どうしたらよりいい教育が実践できるのか、考えてみましょう。

▽ 真のグローバル教育とは

なぜ日本の大学はまずいのでしょうか。最大の問題は、日本の教育制度がグローバル時代についていけていないことです。大学生に要求される資質は、英文和訳や歴史年表の丸暗記、微積分の計算だけではないのです。

今やインターネットが発達し、数十年前とは違う世界になっています。そこで活躍するために必要な資質は何か、ということを大学で教える側の人間がほとんど知らないのです。それでは、グローバルに活躍するため、必要な資質とは何でしょうか。

・世界の政治、経済に関する最新の知識と情報
・それを咀嚼する能力
・それらを理解したあとで、自分自身の考え、意見を構築する能力
・意見を他人に伝えるコミュニケーション能力
・その手段としての英語を操る能力
・グローバルに通用するマナー、常識、パーソナリティ

高度経済成長で経済が放っておいても発展した時代には、学校のテストで高得点が取れる、何も考えることなく単純作業を黙々とやる学生が優秀とされました。

しかし、今は時代が変わっています。日本の人口は減少傾向にあり、日本国内だけでは長期的な成長は見込めません。これまでは日本基準で動いていればよかった日本人

も、これからは世界基準で動かなくてはならないのです。そのためには、世の中に対する知識、それを踏まえての自分の意見、それを外に発信する能力が必要不可欠です。

従来の体制をつくってきた人たちの考え及ばないところで、世界は猛烈なスピードで変化しています。日本の教育は、これから変わらなければますます置いていかれます。そのことを私たちビジネス・パーソンも危機感を持って自覚しなければなりません。

▽ 双方向教育を実施する

それでは日本をグローバル国家にするために、何をすべきでしょうか。

「読んで」「書く」だけの日本的な英語教育でなく、「聞いて」「話して」「考える」活きた英語教育を小学校から大学まで徹底して実施したいですね。そのために、ＡＬＴなどのネイティブ教員をこれまで以上にフル活用しましょう。

先生が一方的に講義をする教育を改めて、学生間のディスカッションやプレゼンテーションを積極的に取り入れるのはどうでしょうか。そうすればコミュニケーション・スキルが磨かれます。講義とは知的エンターテインメントでなければならないと私は考えます。つまり、学生たちが楽しみながら、知識を吸収し、双方向のコミュニケーションを図るのが、最も効果的だと思います。

グローバル人間にふさわしいマナー、常識、教養を教えて、魅力あるパーソナリティを形成させましょう。魅力あるパーソナリティと教養が備わっていれば、どんな分野でもグローバルに成功する可能性が増してきます。日本という狭い社会でいばっているようなエリートは、グローバル社会では無力です。

今や、英語が世界共通語であることは、誰もが認める事実です。日本と同じように英語が母国語でない国々の人たちも、巧みに英語を使いこなし、グローバルに活躍しています。コミュニケーション手段としてマスターし、それを使って自分の仕事の範囲をグローバルなスケールにすることに成功しているのです。

韓国の女子ゴルフプロたちはアメリカで大活躍していますが、彼女たちの英語インタビューは非常に上手ですし、立派な意見を述べています。

マイクロソフト社のＣＥＯはインド人のサチャ・ナデラ氏です。ハイデラバードに生まれ、シカゴ大学院でＭＢＡを取得したインテリです。

小沢征爾さんはボストン交響楽団やウィーンフィルの常任指揮者をされていました。演奏者たちとは当然英語で意思疎通をしておられました。

スウェーデン出身の4人組のミュージシャンのアバは、全ての曲を英語で歌い、世界的なスターになりました。

韓国人の潘基文（パン・ギムン）さんは国連事務総長として、世界平和のために貢献しておられます。彼もまた英語を駆使して、世界的な仕事をされています。

この人たちのように世界を舞台にして、縦横無尽に活躍する日本人をもっと多くつくりたいと思いませんか？　そうなってこそ、日本が真のグローバル国家の仲間入りができると思います。

▽ 自分の意見を持ち議論する

それでは、私たちが世界で活躍するにはどうしたらいいでしょうか。まずは真剣に英語を勉強することです。原書でヘミングウェイを読み、ケネディ大統領の就任演説を暗記し、ビートルズの『イエスタデイ』を英語で歌い、外国人の友人たちと「尖閣諸島」

や「首相の靖国神社参拝」について議論するなど、全力で取り組むことです。

そして、自分の主張をしっかりした立派な英語で書いて、それを暗記して、外国人を含めた多くの人たちの前で話してみてください。こういう場合は、ゆっくり、はっきり、大きな声で、わかりやすいアクセントで話す努力をしてください。背筋をぴんと伸ばして、親しみやすい笑顔で、自信を持って話してください。

そういう日本人がたくさん増えてくることが、日本全体のグローバル化につながります。今からでも決して遅くありません。是非一緒に、日本全体をグローバル国家にしていきましょう。

Points

- グローバルスタンダードを意識する
- 社会での出来事に対して自分の意見を持つ
- 人と意見を交換しあう

教養の磨き方

知識

[Knowledge]

03

歴史

タテ軸だけでなく、ヨコ軸でも理解する

▽ 同時代のヨコのつながりを意識する

学校では「日本史」「世界史」のようにそれぞれの歴史を時系列（タテ軸）で学ぶことが普通です。しかし、ビジネス・パーソンには「タテ軸だけでなくヨコ軸という新しい視点をもって学ぶ」ことをおすすめします。

ヨコ軸で歴史を見ると、途端に視野がグローバルに広がり、日本を地球の一部としてとらえることができるようになります。

１５００年ごろ、日本では足利義政が銀閣寺を建て、イタリアではレオナルド・ダビ

ンチがモナリザを描いていた。そしてコロンブスがアメリカ大陸を発見した。学校ではこれらをバラバラの出来事として習うだけですが、自分の頭の中で点と点を結ぶと、急にその当時の様子がより鮮明にイメージできるようになります。それでは、ここで言うヨコ軸のつながりとは何でしょうか？ さらに具体的に述べてみましょう。

ヨコ軸とは、日本の歴史を学ぶ際、世界の同時期にどんな出来事があったのか知ろうとすることなのです。そのためには、日本の歴史年表と世界各国の年表を並べて比較してみることです。そうすることによって、世界史が日本史に近づいてきて、なんとなく親しみが増してきます。

たとえば音楽の父と呼ばれるヨハン・セバスチャン・バッハは、１６８５年にドイツで生まれ、１７５０年に亡くなっています。その間、『G線上のアリア』『トッカータとフーガ』など多くの作品を残しています。

これだけですと、バッハは17世紀後半から18世紀前半にドイツで活躍していたという事実があるだけです。それでは隣のフランスの歴史はどうでしょう。１７８７年にフランス革命がはじまり、１７９９年にはナポレオン・ボナパルトが政権掌握をするという波乱の時代でした。

一方、その頃の日本はどんな時代だったか。

尾形光琳（１６５８年―１７１６年）が『紅白梅図屏風』や『燕子花図』などの名画を描いていました。そして、松尾芭蕉（１６４４年―１６９４年）が『おくのほそ道』の中で、「松島や、ああ松島や、ああ松島や」とか「五月雨を、あつめてはやし、最上川」などの名句を詠んでいました。

このように同時代の各国の出来事をヨコに並べると、途端に具体的なイメージが湧いてきませんか？　これを、「ヨコ軸の歴史観察」と私は呼んでいます。

▽モチーフにも共通点がある

ヨコ軸で捉えられるのは時代だけではありません。モチーフでさえヨコ軸で捉えられます。また、同時期のものでなくても、日本文化が世界に広まった例はあります。たとえば、葛飾北斎の『神奈川沖浪裏』にインスパイアされたドビュッシーが、『海』という曲を作曲したことは有名です。

私は印象派画家のクロード・モネ（１８４０―１９２６）の『睡蓮』をパリのオラン

ジュリー美術館の特別室で見たとき、芥川龍之介（１８９２—１９２７）の『蜘蛛の糸』の冒頭部分を思い出しました。

「或日の事でございます。御釋迦様は極樂の蓮池のふちを、獨りでぶらぶら御歩きになつていらつしやいました」。

この時空を越えたふたりの間の共通点に気がつき、とても嬉しくなったものです。これが横軸の歴史勉強法なのです。同時代の世界各国の歴史をひも解いて比較してみると、大変に楽しくなってきます。世界のつながりを有機的に理解できる気がしてくるのです。

▽パルテノン神殿と日本の弥生時代

私がこのように考えるようになったきっかけは、今から約35年前に遡ります。英国ソニーでの9年間の勤務を終え、日本に帰国する前に家族4人でヨーロッパ旅行をしたときのことです。

ギリシャに行ったとき、４人でアクロポリスの丘に建つパルテノン神殿に行き記念撮影をしました。紀元前438年に建設されたという神殿を見ながら、その頃の日本はどんな時代だったのだろうか、と気になりました。

調べてみると、その頃は弥生時代で、米をつくり、弥生土器、青銅器、銅鐸などを使用していた頃だということがわかりました。それぞれを知ったとしてもすぐに忘れてしまいますが、両方のつながりを感じながらですと、一生残る知識になります。

また、家族と一緒にウィーン郊外のハイリゲンシュタットに行き、ベートーヴェンの遺書を見たことがあります。これは、ベートーヴェンが甥のカールと弟のヨハンに宛てて書いたものでした。この頃、イギリスとフランスはネルソン提督で有名な「トラファルガーの海戦」を戦っていました。また日本では、本居宣長が『古事記伝』を著わし、十辺舎一九が『東海道中膝栗毛』を書き、間宮林蔵が樺太を探検していた時代でした。

このように歴史をヨコ軸で見ていると、無意識のうちに自分の中にグローバルなものの見方が芽生えてきます。地球は丸い、ということが腑に落ちるのです。さらに各国で、いろいろなハプニングが同時期に起こっていたことを想像するのが、楽しみになってきます。

グローバルに歴史を捉えることは、これまで時間と史実の二次元だった自分の歴史の知識が、地球規模の広がりという要素を加えた三次元の世界を経験することになるのです。

▽ 異文化コミュニケーションに活きる歴史

外国の方々との会話の中で私のミニ比較歴史学を披露すると、皆さん非常に興味深く聞いてくれました。それ以来、私は歴史をヨコ軸でとらえる癖がついて、各国の年表を並べて見るようになったのです。

アメリカの独立記念日である7月4日に、アメリカ大使館でのパーティに招待されたときのことです。大使館員のアメリカ人のジャックと一緒にワインを飲みながら、お祝いをしました。そのとき、こう聞かれたのです。

「シューさん、アメリカが独立した1776年は日本ではどんな時代だったのですか？
(Shu, when America became independent in 1776, how was Japan like?)」

そこで私はこう答えました。

「ふたりの蘭学者が解体新書を翻訳しました。(Jack, two doctors translated a Dutch book, `Tafel Anatomie、into Japanese.)」。そしてこう付け加えました。

「平賀源内という人が発電機を発明して、『エレキテル』と名付けました。(A man called Gennai Hiraga invented an electric generator and he called it `Elekitel.)」。

するとジャックは目を輝かせて、こう言いました。

「そのように僕たちの国の歴史を比較するのは、素晴らしいことですね。(Shu, it is fascinating to compare our histories like that.)」。


他にもこんなことがありました。マグナカルタが調印された記念碑がある広い草原ラニーミードでひと休みしました。ここでは、１２１５年にイングランド王国、ジョン王の大憲章が調印されたとのこと。イギリス人のアランが私に尋ねました。

「シュー、その頃の日本はどんな感じだったの？(Shu, what kind of age was that in Japan?)」

「その当時は鎌倉が日本の首都でした。一緒に大仏を見に行きましたよね。(Kamakura was the capital city of Japan then. Do you remember the Big Buddha we saw there together?)」。

アランに笑顔が浮かびました。日本の歴史が身近に感じられたのかもしれません。

会議での英語には慣れてきたけれども、パーティーで何を話したらいいかわからない、という話をよく聞きます。そんなときは、相手の質問や語りかけにプラスαを添えれば、短い答えでも自然と会話は弾んでいくものです。

▽ 明治維新と大戦後を意識しておく

外国人との会話でよく話題になる時代は、明治維新と第二次世界大戦直後のふたつです。明治維新をヨコ軸で見ると、アメリカは西部開拓時代でアメリカン・インディアンが弾圧され、多くのバッファローが殺されていました。また、アラスカをロシアからアメリカが買取りました。ドイツでは鉄血宰相と呼ばれたビスマルクがドイツ統一を成し遂げました。イギリスでは産業革命、交通革命の真っ只中でした。フランスでは、モネやルノアールが活躍していた時代でした。こんな話題を彼らと話すと、「お前はいろいろとよく知っているなあ」と感心されます。

それでは、日本のビジネスシーンで役立った話を書いてみましょう。

あるとき、歌舞伎の歴史を調べようと思いました。１７００年代初頭の元禄時代に市川團十郎（初代）が人気を博し、近松門左衛門が『国性爺合戦』『曽根崎心中』などの作品を書いていたことなどを知りました。

数年前に、歌舞伎が大好きな社長さんと商談を兼ねて、夕食をご一緒したことがありました。話題が歌舞伎になると、話が俄然盛りあがりました。

「私は勘三郎さんのファンでした。亡くなるのが早すぎましたね」と社長さん。

「私は彼のお父さんが演じていた『一本刀土俵入り』が大好きでした。お腹を空かせて、ヨタヨタ歩くシーンを今でも忘れられませんね」と私。

そして歌舞伎の発祥について話が及ぶと、さっきの元禄時代の市川團十郎や近松門左衛門のことを話してみました。するとその社長さんがおっしゃいました。

「やあ、植山さんのお話は面白い。歌舞伎は江戸時代に盛んになったらしいということは知っていましたが、それが元禄時代で、市川團十郎と近松門左衛門が同時代に活躍していたことは存じませんでした」と、とても喜んでいただきました。

こんな会話がきっかけで、その社長さんの会社から、海外拡大のコンサルティングのお仕事の依頼をいただきました。

その経験以来、興味をひくことがあれば、それを調べてみる癖をつけることにしました。日本の歴史と、世界の歴史との比較の両方をやってみると、楽しみが広がります。

学生時代に勉強した歴史は受験のためでしたから、面白くありませんでした。しかし最近では、このタテ軸とヨコ軸での歴史の勉強で、意外な新発見が多く、知的楽しみが増えました。歴史を学ぶのに遅すぎることはありません。皆様もぜひお試しください。

Points

- 同時代のヨコのつながりを意識する
- モチーフに共通点を見出す
- 明治維新と大戦後を意識して学ぶ

04 語学

やるかやらないか、小さな積み重ねが大きな差をつける

▽英国ソニーで海外ビジネスの実戦を学ぶ

語学で大失敗したことがあります。ソニーに入社し、イギリス赴任になったときのことです。

ロンドンに赴任した当時の私の英語は、高校生のときのアメリカ留学で身につけたアメリカンイングリッシュでした。イギリス人も同じだろうと想定して、思いっきりアメリカンなアクセントと態度で私は販売会議でこう言いました。

"Hey, Guys, we are gonna sell 3,000 color TVs every month. You got it?"

（おい、みんな。毎月3000台のカラーテレビを売るからな。わかったな？）

私の大きな態度とアメリカンアクセントに、英国ソニーのお行儀のいいセールスマンたちはびっくりしてしまい、しばし絶句。そこでよせばいいのに、私はまた同じことをまくしたてました。すると、一番の長老がこう言いました。

"If you think you can sell colour tellies like that, you show it to us!"（もしもこの国でカラーテレビをそんな風に売れると思うんだったら、あんたがやってみせてくれ！）

これには参りましたね。完全に私の負けでした。それで心底後悔して、それから1年間、懸命にイギリス英語とイギリス人のマナーを勉強し、身につける努力をしました。

そのひとつの方法として、ロンドンのミュージカルを見に行くことにしました。当時、最も人気があったのが、『マイ・フェア・レディ』。私は台本を買って、セリフを覚えてから、見に行くことにしました。ヒギンズ教授のセリフを丸暗記して、舞台でレックス・ハリソンが喋るのをしっかりと聞き、本場のブリティッシュアクセントを勉強したのです。その結果、1年後には私の英語もマナーもすっかり英国調になり、英国ソニーの英国人社員に受け入れられたのでした。

日本人にとって、イギリス英語はアメリカ英語より、はっきりと聞こえて真似がしやすいので勉強する際におすすめです。英語は私たち日本人にとっては外国語ですから、まずは相手が理解できるように話すことが先決です。あまり英語が得意でない方も、イギリス英語の発音で、ゆっくり、はっきり、大きな声で話す訓練をされることをおすすめします。

▽ 発音はオウム返しで

英独仏の言葉は大変似通っていますが、発音はまったく違います。たとえば、日本語では母音が「あいうえお」の5つしかありません。英語では日本語にない pat, putt, pearl などの発音があります。それに加えて、ドイツ語では、Mädchen（少女）、süß（甘い）、Löwe（ライオン）など、日本語にない母音が加わってきます。フランス語では子音の r の発音が日本人には難しいです。Garçon（ギャルソン・男の子）とか merci（メルシー・ありがとう）に苦労します。最も難しいのは、r が言葉の最初に来る言葉。renard（ルナール・きつね）とか rire（リール・笑う）で、正確に発音できる日本人はほとんどいません。

長年、いろいろな言語を勉強した結果、発音のコツとしてわかったことは、「オウム返し」をするということです。赤ちゃんは母親が話をするのを聞き、それをオウム返しすることで言葉を覚えていきますよね。まさにそれなのです。

私がアメリカ留学したとき、サンドイッチ市で話されている標準的アメリカン・アクセントを真似する努力をしました。ロンドン在住のときには、ロンドンの人たちのアクセントを真似しました。ですから、外国語の発音を正確に勉強するには、「オウム返し」を心がけてやってみてください。

長い文章を練習したいときは、私は YouTube で検索して、英文の原稿を見ながら聞くことにしています。ケネディ大統領の就任演説や、スティーブ・ジョブズのスタンフォード大学卒業式でのスピーチなどを、原稿を見ながら聞くのです。

▽ 間違っても積極的に発言する

外国語が上手な人は女性に多いように感じます。1年間アメリカのハイスクールに留学しても、語学は女性のほうが圧倒的に上達するのです。なぜだろうと考えてみました。

それは女性が生まれつきおしゃべり好きであること。間違って発音したり、違う言葉を使ったりすることを男性のほうが極端に嫌うこと。この2つの理由で、女性のほうが外国語習得に優れているのだと思います。したがって、外国語を上達させたいと思われる人は、「間違いを恐れず、積極的に発言する」ように努力してみてください。私もそうして数十年間、積極的に話してきました。

その間にはとんでもない間違いを何度となくしでかしてきましたが、それを気にすることなく笑い飛ばしてきました。このいい加減さが大切なのです。

とんでもない間違いの例をお話ししましょう。アメリカのハイスクールに留学していた頃の話です。クラスメートたちと、「ファースト・インプレッション（第一印象）」という言葉遊びをしました。隣の人が耳元でささやいた言葉から真っ先に心に浮かんだ言葉を次の隣の人にささやくのです。

「スプレンダー」（素晴らしさ）と言われたと思ったので、Love is a many splendored thing（慕情）の歌を思い出して、すかさずLoveと隣の人にささやきました。

あとになって、自分が言った言葉をみんなの前で披露します。そのときわかったことは、私が最初に聞いた言葉は splendor ではなくて、splinter（とげ）だったということでした。それでみんなに大笑いされました。

また、rush（突進）と rash（吹き出物）を混同したり、flush the toilet（トイレを流す）と flash（ピカッと光る）を間違えたりしたこともありました。u と a の区別は日本人には難しく、stuff（物）と staff（社員）を混同するのは、私だけではないようです。

しかしこういう間違いにめげてはいけません。緻密につきつめて、しっかり考えながら、注意深く発言するタイプというのは、言語習得には向いていません。まったくアバウトで結構。どんどんおしゃべりをすることです。文法が間違っていても、R と L がひっくり返っても気にしない。間違っていたら、外国のみなさんが直してくれます。それよりも、コンテンツを伝えたいという強い意思を持つことが重要なのです。

▽ 毎日活きた英語に接する

ケーブルテレビやスカパーを引くと、CNN や BBC のニュース、Discovery CHANNEL などの自然に関する番組、ANIMAL PLANET などの動物番組を英語の音声で聞くことができます。

ゴルフネットワークや日経CNBCも英語の音声で聞くようにしています。こうすることによって、活きた英語を毎日学ぶことができるのです。それと同時に、欧米メディアがどういうテーマに興味を持っているか、世界の政治や経済の動きを、日本のフィルターにかかっていない状態で知ることができます。この2つはグローバル人間として必要不可欠なことだと思います。

そうすることによって、学校では習わなかった語彙が増えます。株式市場が暴落した時には、The market has plummeted.（市場が暴落した）と言います。plummetなどという言葉は、学校では習ったことがありませんでした。また、アメリカの銃規制についての報道では、Enforce the Laws on Gun Control.（銃規制を実施する）という表現を耳にしました。

ゴルフネットワークでは、"He's got that 'it' factor."（彼はあのit要素を持っている）という面白い言葉を聞きました。it要素というのは、初対面でも積極的に話すきっかけを自分から切り出して、いい印象を植えつけることができる才能のことです。もじもじしていてなかなか親しくなれない人が多い中では、うらやましい才能です。

これらはほとんどが英語の教科書には出てこない活きた現代英語の言葉です。それらに毎日触れるということは、世界に触れているということです。世界の流れに乗り遅れないためにも、こういう努力は貴重だと思います。

そして、洋画のＤＶＤをレンタルしてきたときも、漫然と映画を観るだけではなく英語の勉強に利用しましょう。通常の見方は、音声を英語にして、日本語の字幕を見るというスタイルです。これで1回目を観ましょう。そして同じ映画を今度は音声も字幕も英語にして観るのです。すでに日本語で観てありますから、意味はわかっていますよね。それがオリジナルではどんな英語の文章になっているかを勉強するのです。

これは相当にきついですよ。俳優の話すスピードで字幕が出てきては消えるので、そのスピードについて行きながら、読みとるのが大変です。でも、これを何回か繰り返すうちに、英語の字幕の速読ができて、俳優の声の聞き取りもできるようになり、あなたの英会話の実力が飛躍的にあがります。ぜひお試し下さい。

▽ ビジネスに役立つ英語

先日、アメリカの銀行マンと商談したときに、突然fiduciaryという単語が彼の口から出てきました。これは信託業務のことを指すのですが、たまたま先月借りてきたＤＶＤの中で使われていた単語でした。ＤＶＤを観たときは理解できなかったので、久しぶりに辞書を引いて調べていたのです。記憶に新しかったので、彼が何を言っているかを理解でき、スムーズに交渉を進めることができました。

英語を母国として使っている人たちの間で、カッコいい言葉がいくつかあるということに気がついて、それらを覚えて、ビジネスシーンなどで使うようにしています。するとビジネス相手からは非常にいい反応が返ってきます。少し例をご紹介しましょう。

・touché（元来はフランス語。フェンシングで「一本あり」という意味。議論などで相手が鋭い発言をした時などに、「参った」「一本取られた」という意味で、英語でも使われます。発音はフランス語の「トゥシェ」）

私がシンガポールで講演した際、会場からの質問に答えたときのことです。

質問者：How do you deal with that kind of situation in Japan?

（日本では、そのような状況にどうやって対応しているのですか？）

私：We do not deal with it but we live with it.

（私たちは対応するのではなくて、共生しています。）

質問者：Touché（参ったなあ。）

なぜ、ここで彼が「参ったなあ」と言ったかと言うと、私の答え方が対句を使っていたからです。つまりdeal with itではなくて、live with itです、という私の答えを、彼は非常に気に入ってくれたのでした。

・serendipity（別のものを探しているときに、偶然に素晴らしい幸運に巡り合ったり、素晴らしいものを発見したりすることのできる、その人の持つ才能、という意味）

英語的な響きではないので、語源を調べると、こう書いてあります。

【語源】イギリスの作家ホレス・ウォルポール（Horace Walpole）が１７５４年の書簡で使った造語。次々に予期せぬ発見をする"The Three Princes of Serendip"というペルシャの童話からつくったもの。

この言葉は、アメリカやイギリスのインテリ階級との会話で使うと、非常にいい印象を与えるということに気がつきました。会社を設立したばかりのアメリカ人の友人に、私はこう言いました。

〝Try your best. Serendipity will smile on you soon.〟（最善を尽くせば、すぐに幸運に恵まれるよ）

〝Thank you very much. I hope so, too.〟（本当にありがとう。そうなるといいなあ）

彼はいい笑顔を見せてくれました。

▽ ユーモアを忘れずに

往年の名俳優のポール・ニューマンとロバート・レッドフォードがある時、表彰式で一緒になりました。彼らはお互い長年の親友です。レッドフォードが挨拶の冒頭でこんな面白い話をしました。彼がニューヨークでアパートを借りようとしていて、そのオーナーに対し、推薦状をポールに書いてもらったのです。その冒頭部分はこんな感じでした。

〝Mr.Redford owes me $120 over 3 years.〟（レッドフォードさんは私から１２０ドル借りたまま3年間返してくれていません。）

ふたりとも億万長者であることは、誰でも知っていました。それでいて、こういうジョークを飛ばすのは、大変スマートですね。さらに彼はこう続けました。

〝I cannot recommend him for anything.〟（彼をどんなことにも推薦できません。）

会場は爆笑の渦でした。

ユーモアは人間関係の潤滑油です。それを上手に使うと、プライベートでもビジネスでも、いい関係が生まれます。

たとえば、アメリカ人の友人とゴルフをやったときのことです。彼のティーショットが左に行ったときすかさず、私はこう叫びました。

〝Peter, it was a Kennedy shot!〟（ピーター、今のはケネディショットだったね！）

ケネディ大統領は民主党でした。つまりやや左寄りの政策を取っていたので、左にフックしたショットをケネディショットと言ったのです。次に私が打つと、右にスライスしてしまいました。すかさず、彼が言いました。

〝Shu, it was a Reagan shot!〟（シュー、今のはレーガンショットだったね！）

これには一本取られました。レーガン大統領は共和党で、右寄りの政策だったので、彼がこう言ったのです。このような知的ユーモア合戦は最高ですね。お互いの親近感と尊敬が深まります。

▽ 日本人の英語レベルを向上させよう

東京オリンピック2020がもう6年後に迫っています。それまでに日本は飛躍的にグローバル化をしなければなりません。その基本が英語教育です。英語で海外から日本に来た外国人観光客やビジネスパートナーをおもてなしするためには、英語での会話が必須です。英語を習得するための具体的アクションとして、私が学生時代から必死に勉強した方法を伝授いたしましょう。

・旺文社の『赤尾の豆単』をいつも持ち歩いて、全ての単語と熟語を暗記しました。
今も復刻版が出版されています。

・道で困っている外国人がいると、May I help you? と積極的に話しかけました。今ではもっと多くの外国人が日本に来たり住んだりしているので、出会う確率ははるかに高くなっています。

・洋画のシナリオを買ってきて、それを勉強してから映画館に行きました。現在ではそういうサイトがあるので、それを無料でダウンロードできます。

海外に行ったことがなくても、英語を話せる人はいます。何がその差を生むのか。それは「やるかやらないか」です。いつかやりたい、と思っていた方がいれば、これを機会にどれかひとつでもいいので「やる」ことからはじめてみてはいかがでしょうか。

Points

・発音はオウム返しで
・間違っても、積極的に発言する
・毎日活きた英語に接する

05 本

自分が体験できない人生を経験する

▽ **私たちは2番目に得意なことで生計を立てる**

ここからは、本に関してお話ししたいと思います。まず、書き手からの視点で本について考察していきましょう。

世界的な人気作家、ジェフリー・アーチャー卿から興味深い話を聞いたことがあります。私が彼にインタビューしたときのことでした。

「あなたは若くして選挙に当選し、議員になりました。そして投資詐欺に遭い、全てを失った。でも本を出版することで蘇った。何がそうさせたのですか?」と私。

「人間は、自分でも気づいていない才能を持っているようです。自分は物書きになろうとは思ってもいませんでした。詐欺に遭わなかったら、ずっと政治家をしていたことでしょう。年金担当大臣になって、退屈しきって死んでいったでしょう。プルーストがこう言いました。『私たちは2番目に得意なことで生計を立てる』。私にも著作という2番目の才能が隠れていて、それが結局は本業になったのです」ジェフリーは言います。

「あなたは世界的な人気作家だ。日本にもファンが多い。新しい小説の1ページ目を書きはじめるとき、最後のページをどう終わるか、すでにわかっているのですか？」

この問いに、ジェフリーは笑いながら答えてくれました。

「まず、私は作家ではありません。ストーリーテラーと呼んでいただきたい。作家というのは、美しい文章を書く頭のいい人です。私は物語を面白く展開させて、読者が次から次へとページを追っていくようにさせます。だから私はこんな冗談を時々言っています。『私は世界中の女性たちと一緒にベッドに行く』とね。1ページ目を書いているとき、全体のストーリーのあらすじは頭の中にあるけれど、書き進んでいくにつれて、色々な紆余曲折が出てきます。それは自分でもわかりません。そして意外な結末を迎えることもありますよ。それがストーリーテラーの面白いところなのです」。

▽ 最も面白いことは真実と創作の融合

「あなたの小説には、現実に起こった事件や、ビジネスでありそうなシーンが出てきますが、現実と創作とのバランスはどんな風に取っているのですか?」私は尋ねました。

「いい質問ですね。『ゴッホは欺く』を例に取ってみましょう。9・11事件の直後に、ニューヨーク市警が『数人が行方不明で、おそらく死亡しただろう』と発表しましたが、このことにとても興味を持ちました。実は死んでいないのではないか、と考えたのです。主人公は30歳前後の女性で、銀行で印象派絵画の売買責任者をしています。彼女の上役が悪者で、イギリスの年老いた女性から絵画を盗もうとしている。それに気づいた彼女は解雇されるが、その日、飛行機がビルに激突します。彼女は脱出し、自分が行方不明・死亡リストに載っていることを発見します。上役が主人公は死んだ、と思っている間に、彼女はイギリスと東京に飛び、上役のたくらんだことを全て逆転しようとする。時間は48時間しかない」

「実際に起きた事件が重要です。多くの人によく知られている9・11事件を描くことによって、読者は親近感を感じるのです」とジェフリー。

「この時も、ストーリーの結末は決まっていなかったのですか?」

「3分の1くらいできあがっていました。9・11のテロの場面まではっきりしていました。しかし、そのあとは漠然としていました。登場人物の行動が次の方向にストーリーを展開させていくのです。最後にどこでこの話が終わるのかを決める際に、私は日本を舞台に選びました。私は日本や東京のことをかなりよく知っていますし、あなたのような友人も多い。日本人が印象派絵画を愛していることも知っています。この作品に出てくる『中村氏』はこのストーリーのヒーローです。読者はほかのどの登場人物よりも『中村氏』を気に入ってくれています」。

現実と創作を融合させることが、読者を引き込む秘訣のようです。

▽ 原稿を書いたあとが重要

「最初の原稿を仕上げたあと、何回それを書き直すのですか?」私は尋ねます。

「まず、8週間かけて原稿を書きます。『300時間60日で書き終えるなんて、すごく速いですね』と多くの人は言うでしょう。重要なのは、それから16回の書き直しをすることです。そして最終原稿を1週間かけて、読み直します。その段階に到達するまで合計で千時間もかけて書き直すのです。自分ができる最高の作品に仕上げる努力を最後まで行います」。ジェフリーは作品の作成過程を丁寧に説明してくれました。

「自分の人生の夢を小説の中の主人公に託し、実現させることはありましたか？」

ジェフリーは少し考え、こう答えてくれました。

「『めざせダウニング街10番地』の主人公は、イギリスの首相を目指す政治家で、政治に関する私自身のアイデアや夢、イギリスの政界に関する視点などを書きました。『ゴッホは欺く』では、印象派絵画に関する自分の知識を盛り込みました。読者はストーリーだけでなく、私が過去40年間に培った絵画に関する知識を共有するのです。小説では面白いストーリーを書くと同時に、読者に興味深い情報や知識を背景として付け加えます。私がいつも言っていることは、『自分の知らないことについては、書いてはいけない』ということです。自分自身の経験を基にして書くことがポイントです」。

本ができるまでにこんなに推敲を重ねるのですね。私たち読者はできあがった作品を読むだけですが、その裏の膨大な時間を思うと本の奥深さを感じずにはいられません。

▽ モスクワ上空でふたつの命の誕生を経験

ここからは、読み手からの視点で本について考えてみたいと思います。『ケインとアベル』の原書をジェフリーからプレゼントされ、それを飛行機の中で読みはじめました。それはちょうど、ロンドンのヒースロー空港を出たヴァージンアトランティック航空機が、水平飛行に移ったところでした。冒頭部分が劇的で、今でも印象に残っています。

April 18, 1906, Slonim, Poland

She only stopped screaming when she died. It was then that he started to scream.

The young boy who was hunting rabbits in the forest was not sure whether it was the woman's last cry or the child's first that alerted his youthful ears.

（1906年4月18日。ポーランド、スォーニム。彼女は息を引き取った瞬間にようやく叫ぶのをやめた。彼が叫びはじめたのはその瞬間だった。森で兎狩りをしていた少年には、自分を驚かせたのが女の臨終の叫びだったのか、それとも赤子の産声だったたの

か、定かではなかった)

ポーランドの原野で、あとのアベルとなる男が生まれたシーンです。

そして2章の冒頭部分では、同じ日に裕福なアメリカの病院でケインが生まれるシーンが書かれています。

April 18, 1906, Boston, Massachusetts

The Doctor picked up the newborn baby by the ankles and slapped its bottom. The baby started to cry.

In Boston, Massachusetts, there is a hospital that caters mainly for those who suffer from the diseases of the rich, and on selected occasions allows itself to deliver the new rich.

(1906年4月18日、マサチューセッツ州ボストン。医者が新生児の足首をつかんで持ち上げ、お尻をぱんぱんと叩いた。赤子が産声をあげた。マサチューセッツ州ボストンには、主として金持ち特有の病気を患う人々を受け入れる病院があり、選ばれた数少ない人々の出産も引き受けている)

最初の数ページを読んだところで、私はすっかりジェフリー・アーチャーの魅力に取りつかれてしまいました。奇数章ではアベルの苦労多い成長を描き、偶数章では恵まれたケインの成長が描かれています。ポーランドでの貧困生活とアメリカでの豊かな生活が交互に頭の中に浮かんでくるのです。

見事だ！　ジェフリーの言っていたストーリーテラーの真髄を味わい、私は飛行機の座席でふたつの命の誕生を経験したのでした。

このように、本を読む際は印象に残った部分やフレーズを覚えておくといいでしょう。スピーチや会話に奥行きを持たせることができます。

▽ 人の栄枯盛衰を学び、教訓にする

ジェフリーの本を読みながら、私は他の人生を経験し、自分の人生の教訓としてきました。

『The Fourth Estate（邦題　メディア買収の野望）』は、大西洋でヨットから落ち、謎の死を遂げた新聞王ロバート・マックスウェルがモデルとなっています。私自身、生前の

マックスウェル氏には仕事で会ったことがあり、彼の強烈な個性と頭の回転の速さを直接見ていたので、この小説が発表されたときはすぐに読破しました。

チェコスロバキアからイギリスに亡命したユダヤ人が、頭脳と努力、そして相当強引な行為でイギリス社会の頂点に上り、新聞王として君臨する。そして、自分の会社の年金基金に手を出す。それがばれそうになり、追い詰められ、ひとりでヨットに乗り、大西洋上でおそらくは自殺をしたのだろう、という内容です。

そんな劇的なストーリーを読みながら、飛ぶ鳥を落とす勢いだった生前のマックスウェル氏の顔を何度か想像してみました。「あんなに裕福で、イギリスの国会議員までやった人物が、なぜ年金に手を出し、自殺にまで追い込まれたのだろうか」。

私は理解ができませんでした。ただ、こう思いました。

「自分は決して法律を破ってまで、富を増やしたり、名声を勝ち得たりするようなことはしないでおこう。自分の器の中で生きて、ほどほどの生活レベルで満足すべきだ。悪いことをすれば、最後はいい死に方をしない」。

この本とマックスウェル氏の栄枯盛衰から、私は人間の生き方について学んだのでした。

皆さんにも、ジェフリー・アーチャー卿の本を強くおすすめします。世界の政治やビジネスの状況が理解できて、わくわくするストーリー展開が楽しめます。

そして英語の原本と新潮文庫の日本語翻訳版を並べて、パラグラフごとに交互に読んでみてください。彼のストーリーを楽しむと同時に、活きた英語の勉強が同時にできます。このような勉強方法を続ければ、あなたの英語が劇的に向上することでしょう。

Points

- 本の制作過程に思いを馳せる
- 印象に残った部分を覚えておく
- 原文と日本語訳を比較して読む
- 他の人生を経験し、自分の教訓にする

06 映画

自分の人生について考える

これまでに観た映画のタイトルを見ていると、様々な思いが蘇ります。本と同様、優れた映画は、自分が体験し得ない他の人生を経験させてくれます。私の人生に影響を与えた映画を紹介していきます。

▽ 埋めることができない現実を知る

『アマデウス』（1984）

バイオリンを習っていたので、私はこのモーツアルトの伝記的映画にとても興味がありました。オーストリアのヨーゼフ2世に仕えていたサリエリよりも、はるかに才能を持ったモーツアルトの出現。彼のそのあとの活躍と最期を、サリエリのナレーションで描いている秀逸な作品でした。

この映画の中でのサリエリは、嫉妬深い、醜い老人として描かれています。彼は自由奔放な天才であるモーツアルトに自分の人生を狂わされました。そんな彼になんとなく同情を感じます。その反面、傍若無人の天才であったモーツアルトには、少なからず憤りを覚えました。

歴史上の人物を扱った映画を見る際には、フィクションとして捉える視点が必要です。実際にはどうだったのか、自分なりに検証してみて、映画をそのまま現実のものとして思いこまないことが大切です。

ただ、この映画を観て私は悟りました。人生には才能に恵まれている人とそうでない人がいるということ。そして、その差は埋めることができない現実があるということ。考えさせられることが多い映画でした。

▽ 自分の理想像を考える

『風と共に去りぬ』（１９３９）

クラーク・ゲーブルが演ずるレット・バトラー。「男の中の男」という強さを持った演技は素晴らしかったし、そういった男性像に憧れます。一方、ヴィヴィアン・リーが演じたスカーレット・オハラは自由奔放に育ち、恋人を失い、それでも強く生きていく魅力溢れる女性です。アメリカの南北戦争という壮大な一大叙事詩と、美しい音楽『タラのテーマ』の融合が見事でした。真っ赤な夕焼けをバックにたたずむスカーレットとバックに流れる音楽は、今でも心に焼きついています。

この映画を観て、強い男になりたいと強く思いました。信念を持ち、少々のことでは揺るがず、目的に向かい一心不乱に突き進む強さ。スカーレット・オハラのように美しい女性が言い寄ってきても、その魅力に屈することなく、自分を貫く一本気がある男。最近では、そんな男性はめっきり数が減っているかもしれません。自分の理想像を意識するきっかけになった映画でした。

▽ 切ない気持ちを体験する

『ローマの休日』（１９５３）

オードリー・ヘップバーンのデビューは鮮烈でした。白黒映画であるにもかかわらず、彼女の可憐で豪華な雰囲気が強く伝わってくる名作だと思います。私はこの映画ですっかりオードリーのファンになってしまいました。

ヨーロッパの某王国の王女アンが宿舎を抜け出し、ローマの街に出る。偶然に知り合ったアメリカ人新聞記者ジョー・ブラッドレー（グレゴリー・ペック）とローマの街を一緒に楽しむうちに、恋愛めいた感情が生まれる。冒険の末、宿舎に戻った王女が記者会見で、「ヨーロッパ各国を訪問されて、どこが最も気に入られましたか？」という質問に「ローマです！」と答えたシーンが素敵でした。

これ以後、私は彼女の作品を多く観ました。特に気に入ったのは『麗しのサブリナ』『ティファニーで朝食を』『マイ・フェア・レディ』です。

『ティファニーで朝食を』もお気に入りの映画だったので、大人になりニューヨークに行った際、ティファニーに足を運んでみたことがあります。早朝、誰もいないフィフスアベニュー。パンをかじりながらティファニーのショーウィンドーを見つめるオードリーを思い出しました。

オードリーの映画を観たとき、私は青春時代を過ごしていました。そんな私に、恋にも似た、何とも切ない気持ちを体験させてくれたのです。

▽ 父の家族への思いを回顧する

『ベン・ハー』（1959）

我が家では年末に家族揃って映画を観に行くのが習慣になっていました。チャールトン・ヘストン主演の『ベン・ハー』は、まだ14歳だった私に強烈な印象を与えたのです。ローマの闘技場、奴隷がオールを漕ぐガレー船、キリストの山上の垂訓、戦車の競争などワクワクするシーンの連続でした。それとぴったり合ったのが、ミクロス・ローザ作曲のサウンドトラック。壮大で豪華なイメージを創造してくれました。

家族と見たチャールトン・ヘストンの映画は、このほかに『十戒』があります。紅海をふたつに分け、ユダヤ人たちを渡らせ、救済したモーゼを彼が演じました。

このふたつの映画は少年時代の私の脳裏に焼きついています。強靭な筋肉質の体と、何物にも屈しない意志を示す精悍な顔。神に近い荘厳ささえ漂っていたチャールトン・ヘストン。

父は亡くなってすでに23年になりますが、不思議とこれらの映画を観ると父のことを思い出します。普通のサラリーマンだった父が、我々家族を楽しませるため映画に連れて行ってくれました。感謝の気持ちでいっぱいです。

▽ 英語学習の教材にする

『マイ・フェア・レディ』（1964）

『ローマの休日』に加えて、あえてオードリー・ヘップバーン主演の作品をもうひとつ取り上げさせてください。

『マイフェアレディ』はブリティッシュ・イングリッシュをマスターする上での私の最高の教材でした。英国ソニーに1972年に赴任した私の英語は、アメリカ留学で身につけたアメリカ英語でした。ロンドンに行って痛感したことは、アメリカとイギリスでは、英語のアクセントも、使用する言葉やフレーズも違うということです。本場のイギリス英語を一生懸命に勉強するために、この映画を何回も見ました。そしてセリフの原稿も買い求め、暗記するほど何度も読んだのです。

レックス・ハリソン演ずるヒギンズ教授が話す正統派のイギリスアクセントはとても参考になりました。キザに話すイギリスの上流階級の真似を私もできるようになり、オックスフォードやケンブリッジを出たトップ階層の人たちとの会話を楽しむことができるようになったのです。

ところで、ヴァージン航空の機内ラジオで聞いたことを付け加えたいと思います。ジョージ・バーナード・ショーがこの『マイ・フェア・レディ』の原作である『ピグマリオン』を書いたとき、ひとつ意図的に文法の間違いを犯しました。ヒギンズ教授がはじめてイライザと会った時に歌う「Why Can't The English?」という歌の冒頭部分です。

Look at her, a prisoner of the gutter,
Condemned by every syllable she ever uttered.
By law she should be taken out and hung,
For the cold-blooded murder of the English tongue.

3行目の最後の hung は本来であれば、受動態であるので過去分詞の hanged でなければならないところを、4行目の最後の tongue とライムさせるために、形容詞である

hungで代用したのです。

たまたま私が飛行機の中で聞いたラジオ放送でこんなことを言っていました。とても細かいところですが、英語にご興味をお持ちの方々のために書かせていただきました。

▽ 自分の人生について考える

『スライディング・ドアーズ』（1998）

アメリカの女優グウィネス・パルトローが主演したイギリス映画です。舞台はロンドン。ヘレンは会議に遅刻してクビになり、地下鉄に向かいます。電車に乗る直前にドアが閉まって、乗り過ごす場合。（1番目のストーリー）。もうひとつは間に合って、電車に乗った場合。（2番目のストーリー）。このふたつのストーリーがオムニバス形式で交互に展開します。

この映画を見て、自分自身の人生について考えさせられました。私はソニーで10年あまり働いたあと、35歳の時に退社しました。独立して株式会社植山事務所を設立し、現在に至っています。国際経営コンサルティングや著作、テレビ番組の制作と司会など、色々なことをやってきました。

その人生とソニーに留まっていた人生をどうしても比較してしまいます。ふたつの人生を送ることは不可能ですが、人生の岐路で下した決断が果たして良かったのか、悪かったのか、永遠の疑問ですよね。そんなことを考えさせられるいい映画でした。

▽ 映画でビジネスに奥行きを出す

映画は自分が送れない人生を観ることができます。また多くのいい作品を見ていると、世界中の人たちと会話をするときの話題に欠きません。

「サウンド・オブ・ミュージックのジュリー・アンドリュースの歌は素敵でしたね」。

「私は特にエーデルワイスが好きです」。

「レオナルド・ディカプリオの『華麗なるギャツビー』は良かった。1作目のロバート・レッドフォードもよかったけれどね」。

「レッドフォードがポール・ニューマンと共演した『スティング』は最高におしゃれで、面白かった」。

こんな会話を外国の友人たちと交わしたことで、お互いの親近感が増して、ビジネスがうまくいったことが何度もあったのです。

映画を見るときは、必ずその作品の背景や監督、俳優のことを勉強してから観ることをおすすめします。時代背景や制作意図をわかって観ると、理解度がまったく違ってきます。映画鑑賞が単なる時間つぶしでなく、文化の勉強に変身します。

また、昔からの名作をひとつひとつじっくりと観るのもいいものです。往年の名作である『カサブランカ』『哀愁』『王様と私』『ジャイアンツ』『戦争と平和』『007シリーズ』などをぜひ観てください。楽しいと同時に、映画への造詣が深まります。

Points

- 映画の背景を理解する
- 昔の名作を鑑賞する
- 英語の勉強に役立てる
- 自分の人生について考える

07 音楽

ビジネスを演出する

▽ カラオケを制するものはビジネスを制す

カラオケはビジネス相手と友情を深めるために、非常に役立っています。外国の方が来日する際には、飯倉の「フェスタ」に連れて行くことにしています。寿司懐石コースを食べ、ビールやワインを飲み、ビートルズ、シナトラ、アバ、クイーン、スティングなどを思いきり歌います。真夜中まで歌うと、自然と深い友情が生まれてくるのです。そして、翌日からのビジネス交渉も非常にうまくいきます。

以前、アメリカのＩＴ企業経営者が数人来日しました。その会社がタイアップしたいと考えていた日本企業の社長も含め、まず10人ほどで夕食会を開きました。彼らが東京の美味しい寿司が食べたいというので、六本木の寿司屋に連れて行きました。彼らは中トロ、牡丹エビ、穴子などの美味しさに狂喜していました。さらに盛り上げるべく、全員でフェスタに繰り出しました。

フェスタのいいところは、外国曲のレパートリーが多い点です。若いアメリカ人たちはお気に入りの曲を次々と入れ、歌い、はしゃぎました。それにつれてビールもどんどん消費されていきます。私たち日本人チームも負けじとばかりに対抗して歌います。日米歌合戦は夜中の12時を過ぎるころまで続き、最後は全員でクイーンの『We will rock you』を大合唱してお開きにしました。

そして翌日10時から始まった商談では、全員が昨夜の楽しい雰囲気を持ったまま、和気藹々としています。お互いに資本金を出しあい、合弁会社を設立しようというところまで話が発展しました。カラオケ外交の効果が絶大だったのです。

▽ カラオケ外交には下調べが肝心

このように国籍が違う場合は、英語の歌をいくつか覚えておくと非常に便利です。一方で、年代が違う人たちとのカラオケ外交も基本は同じです。相手が好きなレパートリーを心得て、それをさりげなくリクエストに入れてあげたり、自分たちも彼らが好きそうな歌をさりげなく歌い、話題の共通項を作ったりするのです。

たとえば、私が親しくしている年配の社長は、春日八郎、三橋道也などが得意。そこの専務は石原裕次郎で、部長はサザンオールスターズ。でも私はもっぱら、アバ、カーペンターズなどの洋物が得意。こんな状況での私の戦術をご紹介します。

①やや大きめでゆとりのある部屋を予約しておきます。快適さが第一です。
②皆さんが大好きな焼酎をボトルで注文し、ロックでもお湯割りでも自分のペースでつくれるようにしておきます。
③まず1杯目を飲んでいる間に、すかさず社長の大好きな春日八郎の『お富さん』と三橋道也の『古城』を入れておきます。
④社長さんが歌っている間に、専務のために裕次郎の『赤いハンカチ』と部長のためにサザンの『白い恋人たち』を入れてしまいます。
⑤彼らが次々と得意の歌を歌っている間に、自分の好きなビートルズの『ツイスト・

アンド・シャウト』を入れます。はじめは勢いのあるアップテンポのものを入れるのが、明るい雰囲気づくりには大切です。

⑥皆が歌い疲れた頃、静かなバラードを入れ、落ち着いた雰囲気にします。

⑦最後に近付いたら、みんなが一緒に歌える歌を入れ、大声で合唱するようにすると、一体感を持って終わることができます。谷村新司の『昴』や、女性が混じっていれば、森山良子の『今日の日はさようなら』あたりがいいでしょう。この一体感が、翌日からのビジネスにつながってくるのです。

ここでのポイントはふたつです。相手の得意な歌を知っておくこと。そして相手の好きなお酒を調べておくこと。はじめての相手だと難しいかもしれませんが、2度目の相手に対してはこのふたつのポイントを心得ておくのがいいでしょう。

▽ 音楽をビジネスにつなげる

先日、大変粋なおもてなしを受けました。私の友人夫婦が、ある会社の社長夫妻を紹介してくれたときのことです。その紹介の仕方が大変スマートでした。

まず東京渋谷の「ヒカリエ」内のパブレストランでビールを飲みながら、商談をしました。非常にリラックスして、お互いすぐに打ち解けることができました。

そのあと、私の友人夫婦が全員をミュージカルに招待してくれたのです。ミュージカル『ママ・アイ・ウォント・トゥ・シング』は19年ぶりの来日公演で、またとない貴重な体験となりました。

音楽をさりげなくビジネスにつなげることにより、交渉そのものの品格があがった印象を受けました。見事な演出だと、思わず感激してしまいました。

▽ジャンルを超えた音楽に触れる

私の音楽の聴き方にはまったくルールがありません。クラシックではバッハ、モーツアルト、ショパンなどをほとんど毎日YouTubeで聞きながら、原稿を書いています。

またスーザン・ボイルやポール・ポッツを発掘した、素人のど自慢番組の『Britain's Got Talent』は大好きでよく観ています。素晴らしい才能の持ち主が多く出場し、感動的なシーンがいっぱいなのです。２０１２年に放送されたハンガリーの影絵グループ、Attraction のパフォーマンスは感動的で涙さえ出てきました。

このようにジャンルを越えて好奇心を持ち、いろいろなパフォーマンスを見たり聞いたりすると、楽しみも増えますし何より話題が豊富になります。

特に私は YouTube を愛用しています。その理由のひとつとして、特に気に入っている英語の歌をマスターしようとするときに役立つのです。歌詞つきのサイトを探し、それを見ながら何回も歌を聞くようにしています。これは歌と英語の両方を同時に習得する最高の方法で、大変おすすめです。

▽ 音楽とビジネスの相乗効果を図る

・パソコンで作業中は、YouTube で長時間作業用の曲を選び、ＢＧＭとして流しておくと、仕事の能率が上がり、疲労度も少なくて済みます。モーツァルト、バッハ、ショパンなどがおすすめです。

・自分が気に入った曲のＵＲＬをビジネス友達にメールで送り、それらをシェアします。費用がかからず、気が利いていて、友情を保つのにもよい方法です。

・商談は、ビジネスとしての条件交渉も重要ですが、信頼しあえる人間関係の構築がそれ以上に大切です。前述のようにコンサートに招待し、文化的な雰囲気をビジネスに取り込むとスマートです。また、食事のあとのカラオケも有効な方法です。

仕事の効率を上げたい、親密な人間関係を構築したい、などビジネスをうまく進めるのに音楽は大変効果的です。是非、実践してみて下さい。

Points

- カラオケで最大限のおもてなしをする
- 相手の好きな音楽を把握する
- ビジネス相手をコンサートに招待する
- ジャンルを超えた音楽に触れる

08

ファッション

メリハリをつけた選択を

ファッションは、自分自身を表現するひとつの手段です。つまり、パーソナル・ブランディングの重要な要素なのです。したがって、私が着るものは、自分の趣味や価値観を優先させ、決してブランドに振り回されることがないように心がけています。

▽ 長く使うものは上質なものを選ぶ

コートや革ジャンなどのアウター、スーツやブレザーなどは、上質なものを選ぶようにしています。これら全てを高級品で揃えるというよりは、ひとつ上質な一生ものを持っておくのがいいのではないでしょうか。質や仕立てがいいもので、あなたが着ていて違和感がないものを選ぶのです。

私は同じものを手入れしながら何十年も着ています。自分の体形維持のモチベーションにもなり、おすすめですよ。

・アウター

10年前、デンマークに行ったときに買った革ジャンを今も着ています。イギリス製の無名ブランドですが、しなやかな革のタッチが気に入っています。

コートはアクアスキュータムのトレンチコートとハーフコートを長年愛用しています。袖口のほころびを母に繕ってもらい、また着ています。トレンチコートの丈が長すぎたので、それを短くしてもらったのですが、その作業が大変だったとのこと。縫製がしっかりしているので、ほどくのがひと仕事だったそうです。

・スーツ

今から39年前の30歳のころ、自分の誕生日にカジノへ行ったことがありました。そこでなんと20ポンド（当時6500円位。現在1700円）の手持ちが、1000ポンドに大きく膨らんだのです！　そのまま現金で持っていても、やがてなくなってしまうことは自分の性格からして明らかでした。そこで誕生日の記念に、普段は買うことができないものを買うことにしたのです。

Rossiniという超高級イタリアンスーツの店があることを、以前日本人の友人から聞いたことがありました。しかし、その店に着いたものの、ドアが閉まっています。呼び鈴を鳴らしてみると、「どなた様ですか？」と声がしました。「私は日本人で、友人のミスター・タナカが紹介してくれました」と言うと、すぐにドアが開き、イタリア人オーナーが笑顔で迎え入れてくれたのです。

シャンパンを持ってきてくれて、談笑を楽しみました。その間に、彼は私の体格を観察していたようです。さりげなく「お客様にはこれがいいでしょう」と3着のスーツを持ってきてくれました。

それらは見事、私にぴったりでした。そのうち、濃紺のピンストライプのスーツを選んだのです。彼はそれを私に着せながら、言いました。

「最高級生地のスーパー１３０で仕立ててありますから、シワになりません」

素晴らしい！　しかし、値段も素晴らしかったですよ。ネクタイと合計し、ちょうど１０００ポンド（当時65万円）でした。世の中に60万円もするスーツがあるなんて、知りませんでした。このスーツを今でも愛用しています。このスーツにあう体型を維持することが、フィットネス・トレーニングのモチベーションになっています。

▽ 普段着はリーズナブルなものを選ぶ

普段着るものは高いものよりもリーズナブルで着心地のよいものがいいですよね。どんなに安いものを着ていても「だらしなく」ならないように、上から下までしっかりコーディネートするようにしています。

ゴルフを毎週やっているおかげで、自然とポロシャツが増えてしまいました。しかし高価なブランド物は避け、安くて丈夫なユニクロを愛用しています。

また、オフィスで仕事をしていて来客がない日は、大変リラックスした服装をしています。夏は半ズボンにTシャツ。冬は上下トレーナーが暖かく、楽ですね。

書類が入るビジネスバッグについては、普段愛用しているものは秋葉原で買ったELECOMです。大きく、軽く、汚れにくく、大変使いやすいです。

▽ TPOに応じた選択をする

状況に合わせたファッションのチョイスを意識してみましょう。時と場所、場合に応じた臨機応変さがポイントです。

ロンドンの金融会社で働くエグゼクティブと商談する場合は、スーツにネクタイでビシッと決めます。一方で、ロサンゼルスにあるベンチャーキャピタルの社長がTシャツと半ズボンで来る場合は、こちらもそれにあったカジュアルなファッションを選びます。これらは、相手に対する礼儀でもあり、互いにリラックスできる方法でもあるのです。

講演する場合も同様です。銀行や官庁での講演には背広にネクタイで行きます。一方、大学の講義にはノーネクタイで行きます。

フォーマルかカジュアルかあらかじめ判断ができない場合もあるでしょう。その場合、ノーネクタイで行き、ネクタイはアタッシュケースの中に入れておきます。

もし、フォーマルな雰囲気だとわかったら、その時点で洗面所に行きネクタイを締めます。このような柔軟性と準備が重要だと思っています。

いくらいい服装をしていても、無精ひげやバサバサの髪は全てを台なしにしてしまいます。口臭、体臭にも注意を払ってくださいね。細部にまで気を使うことがビジネスで成功するコツです。

Points

- 長く使うものは上質なものを選ぶ
- 普段着はリーズナブルなものを選ぶ
- ＴＰＯに応じた選択をする

09 お酒

ＴＰＯにあわせて飲みわける

皆さんには、ＴＰＯにあわせてお酒を選択することをおすすめします。ビジネスにおいてお酒は目的でなく、潤滑油です。あくまでも目的はビジネスであって、相手と距離を縮めるための手段であることを忘れないで下さい。

▽ お祝いのとき

お祝いのときは、シャンパンやスパークリングワインを飲みましょう。プライベートとビジネスで使いわけることがポイントです。

誕生日、クリスマスなどプライベートでのお祝いのときには、シャンパンや割安のスパークリングワインを用意しましょう。キンキンに冷やし、みんなで乾杯すれば、お祝いムードが広がります。こういうプライベートなお祝いの時は、「ジャクリーヌ」や「カヴァ」が１５００円ほどでリーズナブルでおすすめです。

ビジネスで重要な契約を締結したときには、豪華なシャンパンの出番です。「モエ・エ・シャンドン」や「ヴーヴ・クリコ」をいただきましょう。最高にお祝いしたいときは、「ドン・ペリニオン」や「クリュッグ」でいかがでしょうか？

ＴＰＯにあわせることはもちろん、場面にあわせて銘柄を選び、リーズナブルに楽しめるとよいですね。

▽ 男同士で飲むとき

男同士がじっくりビジネスや共通の趣味などを語りあうときには、コニャックを飲むと最高です。

以前、イギリス人の広告会社の社長に招待され、ＲＡＣクラブでステーキディナーを楽しんだことがあります。食事を終えたあと、場所をレストランからラウンジに移すと、彼はシガーを吸いはじめました。そして食後酒として、当然のように「カミュＸ

0」をふたつ注文してくれたのです。シガーとコニャックの相性がいいことを、このときはじめて発見しました。私は大の嫌煙家ですが、この時のシガーはなぜか許せたのです。

暖炉で薪が燃えているのを見ながら飲むコニャックは、とても雰囲気がありました。口の中に含むと、強いのですが芳醇な香りのアルコールが広がります。そしてそれを飲み込むと、食道に熱い刺激が落ちていくのがわかり、快感でした。

その間に、男同士でサッカー、ゴルフ、経済、政治、ビジネスなど多岐に渡る会話をします。それが、英国紳士の至福の時間なのです。

コニャックをちびりちびりと飲みながら商談をすると、なぜか豪華な方に話が引き寄せられる傾向があるようです。

私たちは英国ソニーの広告キャンペーンの媒体ミックスについて話をしたのですが、コニャックの魔力でテレビ出稿が増え、予算が増額になったのでした。それはその豪華なRACクラブとカミュのコンビがなせる業だったのです。

▽ 女性との食事のとき

イギリスではビールは労働者階級の飲み物としての地位を確立しています。勤め帰りのパブで飲むのは、ビール。3種類あって、ドラフトビール（日本のビールのタイプ）とビター（やや重たくて、泡が少なく、それほど冷やさない）、ギネスのようなスタウト（黒ビール）が人気です。サッカーの試合では、おびただしい量のビールが消費され、休憩時間のトイレは大変な騒ぎです。

これに対し、女性はもっぱらワインを飲むのが上品とされています。劇場のバーでも冷えた白ワインをエレガントに飲んでいる女性の姿はチャーミングですね。デートでも、男女がワインを酌み交わすのが、上品とされています。

ワインは奥が深いですよね。私のワインの発展過程をたどってみましょう。

最初に好きになったのが、ドイツワインでした。甘めなので、ぶどうジュースの感覚で飲めました。モーゼルワインとラインワインが爽やかで美味しかったです。

やがて次第にイタリアワインに好みが移っていきました。フレッシュな味のフラスカーティや、コカコーラのボトルの形に似ているヴェルディッキオが好きでした。

そして最近では、力強い料理に負けない味とコシの強さがある赤ワインがお気に入りです。ステーキやビーフシチューに合うボルドーやブルゴーニュです。「シャトー・ラフィット・ロートシルト」や「シャトー・ラトゥール」が飲めたら、最高に幸せです。

あまりワインに詳しくない場合でも心配する必要はありません。レストランでスマートに頼むために、料理にあうおすすめのワインを予算内で提案してもらいましょう。大切な会食の場合はあらかじめお店に相談しておくといいでしょう。会食相手にワイン選びを丸投げしないよう、気をつけて下さい。

▽ 食事を美味しくいただきたいとき

贅沢したい、食事を美味しくいただきたいときには日本酒がおすすめです。

日本酒好きの友人のところには珍しいお酒がいつも置いてあります。彼のところに行き、説明を聞きながらご馳走になるのが楽しみです。

「まず純米酒を飲んでみよう。基本的に日本酒は米と水で造られるけれど、米と水以外の『醸造アルコール』が添加されているものもあるんだ。米と水だけで造られている日本酒だけが『純米（じゅんまい）』って、呼んでいいんだよ」

言われてみれば、なんとなくお米の味がします。

「米は芯に近づくほど、でんぷんが強くなる。だから日本酒はお米の表面の部分を削ってしまい、芯に近いいい部分だけ使うんだよ。それらが『吟醸（ぎんじょう）』とか『大吟醸（だいぎんじょう）』と呼ばれるんだ」

とてもフルーティで上質な味がしました。彼のように冷蔵庫に大切に入れ、グラスも冷やし、うやうやしく飲むと一層美味しく感じられますね。

▽ 翌日に引きずりたくないとき

翌日に残らないようにしたいときは、焼酎のお湯割りがおすすめです。ビジネス相手とカラオケに行くときは、ビールのあと、焼酎のお湯割りにシフトして翌日の商談に備えています。

　兵庫県にある墜落防止装置メーカー、藤井電工の藤井社長は焼酎が大好き。彼は私の親友でもあり、しばしば上京してくるので一緒に飲む機会があります。そんなときにご馳走していただくのが、３Ｍと呼ばれるプレミアム焼酎です。

「森伊蔵」はシラク大統領が召し上がったときに、ブランデーよりも美味しいとおっしゃったとか。「魔王」は天使たちを誘惑するほど美味しいという名前。芳醇な香りがたまりません。「村尾」は、「かめ壷焼酎」と呼ばれ、じっくり醸成された味が特徴です。

　大きな氷を入れたグラスに、これらの名品を入れて、オンザロックで飲むのが藤井さんスタイル。これぞまさに至福の時間です。

　それがきっかけで自宅にも焼酎を買っておき、友人を招いて飲むことが増えました。そんなときのためには、値段もリーズナブルで味もいい「黒霧島」や「赤霧島」を用意してあります。

▽ フルラインで酒豪をおもてなし

ビジネスでお得意先の部長さんがいます。彼は中国駐在していたとき、中国人から鍛えられただけあってまさに酒豪です。

私のところでときどき、ディナーミーティングをやるのですが、彼が来るときは、前もって彼が好きそうな酒を買っておきます。彼は「アルコールが入っていれば、何でも好きです」と仰います。しかし、それなりのいい酒を揃えておくのが、おもてなしをする私としての礼儀です。近所の酒屋に行き、いっそのこと全てのジャンルの酒を揃えることにしました。

ビール、日本酒（越乃寒梅）、麦焼酎（無名王、常圧蒸留）、芋焼酎（一刻者、長期貯蔵原酒）、ウォッカ（スミノフ）、ジン（ボンベイサファイア）、ウィスキー（マッカラン12年）、白ワイン（ブルゴーニュ・アリゴテ）、赤ワイン（ブルゴーニュ、ピノノワール・アンリ）、スパークリングワイン（イプシロン・スプマンテ）、ソーダ水（ウィルキンソン）。

　これらをリビングルームに並べ、迎えたときの彼の驚いた表情は最高でした。

　おかげさまで、翌年も現在の契約を続行してくれるということになり、握手をして別れました。

　お酒は太古の時代からの贈り物。食事を一層美味しくしてくれますし、友人たちとの会話を楽しいものにしてくれる重要な役割を演じてくれます。だからこそ、節度ある飲み方をしたいものですね。

Points

- 自分のアルコール許容量を把握する
- ＴＰＯにあわせて飲みわける
- ビジネスの目的でなく、潤滑油と心得る

10 スポーツ

ビジネスの契機を見つける

▽ビジネスが行われているのはゴルフ場？

More business is done on the golf course than in the office.（オフィスでよりも、もっと多くのビジネスがゴルフコースで行われている）、という言葉があるように、ゴルフはビジネスとの結びつきが最も強いスポーツのひとつです。私もゴルフが大好きで、ゴルフを通じ、数千万円もする商談を行い、合意に達したことがしばしばありました。

アメリカのゴルフ雑誌に次のような記述がありました。

①デシジョンメーキングできる立場の人とプレイしなさい。
②わざと負けるのは失礼。叩きのめすのは、もっとダメ。ほどほどに。

③ビジネスの話は急がないこと。まずはゴルフをエンジョイしなさい。
④きびきびとプレイしなさい。
⑤相手が何を望んでいるか、知りなさい。スコアに執着するタイプか？　など。
⑥お酒は飲まないこと。カートで事故を起こすかも知れないので。
⑦成果に集中しなさい。ゴルフのスコアでなく、ビジネスの進捗のことです。
⑧後日フォローアップして、アポを取りなさい。

これらのサジェスチョンは、とても参考になるのではないでしょうか。うまくゴルフを利用し、いいビジネスに結びつけてください。

今までなんとなくゴルフをやってこなかった方も、これを機会にはじめてみてはどうでしょうか。私は69歳になった今、最も安定したスコアが出せるようになりました。この年になっても伸びるのですから、私よりも若いみなさんにはもっと可能性があるでしょう。

▽ 50歳からはじめたジム通い

私は現在69歳ですが、すこぶる健康です。それは過去20年ほど、ほぼ毎日フィットネスクラブに通い、トレーニングをしてきたおかげだと思います。トレーニングといってもきつい運動をする訳ではありません。軽い筋力アップ、ストレッチ、ゴルフの打ちっぱなし、水泳などをほどよくミックスし、その日の体調と気分に従って、楽しみながらやるのです。

最後には、サウナとジャクージで筋肉をほぐして終了。全部で約2時間のコースですが、これが心身ともに爽やかにしてくれます。そしてこれが、そのあとの執筆活動や講演、ビジネスにいい影響を与えてくれているのです。

▽ ビジネスの契機となるスポーツ

スポーツが、ビジネスの契機となることがあります。実はこの本ができたのも、フィットネスクラブに通っていたことがきっかけなのです。

表紙をデザインしてくれた山口昌弘さんは、同じスポーツクラブのメンバーでした。サウナで一緒になったとき、彼が本の装丁を多く手がけてきたという話になり、それが発展して今回の出版に結びついたのです。

そういった理由から、フィットネスクラブに入ることを強くおすすめします。そうすれば、自分とは異業種で活躍している人達と文字通り、裸のつきあいができます。一緒にサウナに入っているときは、素直な気持ちで会話ができます。そして話題がビジネスになったときに意外な共通点を発見することがあるのです。

皆さんも体を動かし、心身ともに健康を保ってください。

Points

- スポーツは常に今がはじめどき
- ゴルフにトライする
- フィットネスクラブに通う

教養の活かし方

―コミュニケーション能力―

[communication skills]

11 人脈

まず、自分の身近な人に対し誠実に対応する

▽ ビジネスの成功は人脈にある

いいビジネスをしようと思ったら、個人的に親しくなることからはじめます。ビジネスの成功は全て人脈にあると言っても過言ではありません。

サッチャーさんの項でも述べたように、私がサッチャーさんの日本での代理人に指名されたのは、共通の友人であるジェフリー・アーチャー卿の推薦があったからです。

お金はないけれど、私はまわりの人に恵まれ、世界中に友人がいます。

「どうやったら人脈を増やせるの？」

「世界のＶＩＰと知りあいになる方法は？」

「それらの人脈を何十年も維持する方法は？」

このような質問を頻繁に受けるので、自分の経験を振り返ってみることにします。

▽ 共通の友人を探す

ある人と知りあいになりたいと思ったら、共通の友人を探しましょう。まずはビジネス抜きで、個人的にいい友人になることを目指しましょう。ビジネスをすることが究極の目的であっても、はじめからガツガツとお金儲けの話をしない方がスマートです。まずは一緒に食事をする、ゴルフをするなど、自分の人となりを知ってもらい、気に入ってもらうことです。そうなれば、いつでもビジネスの話を提案できます。

▽ 小さく約束し、大きく実行する

あなたにとって、自分が信頼できる人であることを証明し、友人たちの間でいい評判を得ることは非常に重要です。そうすれば、彼らはあなたのために何でもしてくれるでしょう。素晴らしい他の友人も紹介してくれるでしょう。

そのためには、大風呂敷を広げないことです。何かを約束するときは控えめにして、実際にそれを実行するときには、彼らの期待以上のものをしてあげるのです。するとあなたに対する彼らの評価が絶大なものになるでしょう。

その逆に、大きく約束して、実際には少ししか実現できなかった場合は、あなたに対する失望と不信感は大きくなります。

あなたはどちらを選びますか?

▽ 定期的に連絡する

ビジネスをしているとなかなか頻繁に会う時間がとれません。しかし連絡を怠ると、だんだん疎遠になっていきます。それを防ぐために、私はこうしています。

まず友人たちのメールアドレスを改めて見直し、①最重要な友人と②重要な友人という2つのグループにわけます。①は20名まで、②はそれ以外の100名まで。

そして①には、最低毎月1回の連絡を必ずします。メールを送る場合は、彼らのメールアドレスにそれぞれ個別に送ります。内容は同じでも結構です。しかし、あなたが彼らひとりひとりに向けて、丁寧に書いた文章を送ります。

一方②のグループは、ひとつの文章をつくって、彼らのメールアドレスをBCCにして送ります。こちらのグループは3ヶ月に1回のペースで大丈夫でしょう。こちらは、あなたの近況を知らせて、彼らにあなたのことを思い出してもらうことが目的です。人脈を維持するには、マメに連絡をとることが重要なのです。

▽小さな接点を大事にする

①のグループの「最重要な友人」の詳細なデータを、パソコンに入れておくと便利です。その人の生年月日、郷里、住所、趣味、好きな食べ物、奥様の名前と趣味、子供の学校名などは、大変役に立つ情報です。

たとえば、あなたが福岡に出張に行ったとします。福岡出身の社長さん（仮に中村さんとします）にこんなメールを送ってみましょう。

「中村社長、貴方様の郷里である福岡に来ております。いつもおっしゃっているように、魚料理が新鮮でとても美味しいです。近いうちゴルフでもいかがですか？　明日東京に戻りますので、ご連絡申し上げます」。

これをもらった中村社長の反応は悪いはずがありません。（俺の郷里を覚えていたか。それにしてもマメな奴だなあ）

そして、翌週ゴルフを一緒にやれば、ビジネスがさらに拡大するきっかけになるかもしれません。

▽ さりげないプレゼントをする

超ＶＩＰとのつきあいの秘訣は、決して背伸びをしないことです。あくまでも等身大のあなたでつきあうことが基本です。超ＶＩＰの人たちだからと言って、有名ブランドの贈り物を用意する必要はまったくありません。おそらく、彼らは欲しいものをすべて持っているでしょう。

それよりも、もっと日常的で当たり前のもの、あなたの心がこもっているものが感謝されます。

たとえば、あなたが小田原に行ったときに、海辺の食堂で食べた金目鯛の干物が飛び上がるほど美味しかったとします。その大きめのものを5枚そこから送ってもらう手配をし、携帯メールで金目鯛の写真を添え、こう書いたらどうでしょう。

「たった今、小田原で金目鯛の干物を食べました。あまりにも美味しいので、宅急便で送る手配をしました。ぜひご賞味ください」。

これを貰った人は、億万長者であっても、有力な政治家の先生であっても、「可愛い奴だなあ」と目を細めることでしょう。

▽ 時々、無理をしてでも会いに行く

メールや電話が発達した今の時代、人脈を維持するために最も効果がある方法は、実際に会いに行くことです。これに勝る方法はありません。デジタルの時代に、逆にアナログ手法を使うのです。

私はあるとき、ギリシャの船会社の会長をしている友人から船を一隻買うように依頼されました。20億円ほどの商談です。それを扱っている新橋の商社にまず電話をかけ、

社長さんに事情を話しました。

「もうすでに10社から引き合いがきています。植山さんは11番目ですから難しいです」。

「これからすぐにそちらに伺いたいと思いますので、時間をつくってください」。

私は1時間後、その社長さんのオフィスに手土産を持って伺いました。そのスピードにちょっと驚かれたようでしたが、快く会っていただきました。

「この船をどうしても手に入れたいのです。ぜひ、お願いできませんかね?」

私は誠心誠意頼んでみました。

「そのギリシャの会社は私も以前に船を売ったことがあります。女性が社長さんで、イギリス人のご主人が会長か何かをしていらっしゃる」。

「そのイギリス人が僕の友人で、一緒にサッチャーさんの日本への招聘事業をやった相棒なのです」。

「ほー、サッチャーさんの仕事もされていたのですか?」

社長さんの表情がやわらぎました。

「はい、10年間サッチャーさんの日本での代理人をさせていただいて、彼がイギリスでのサッチャー事務所との連絡役をやってくれていたのです」。

「でも、今回の船に関しては、すでに売り先がほとんど決まっているんですよ」。

「そこをなんとかしていただけませんか？　同じ日本人同士じゃあないですか？」

私の熱意が通じたのか、「ちょっと、検討してみましょう」というところまでこぎつけて、その日は終わりました。そして3日後に、その船を買うことができたのです。

電話だけでは不可能だったでしょう。実際に会い、顔を突き合わせ、こちらの熱意を顔や声で精一杯伝える努力をすれば、わかってくれることが多いのです。

皆様も最終的には実際に会いに行くことを面倒がらずに、すぐにオフィスを飛び出てください。きっと活路が開けます。

▽人脈を築くために

まずはまわりの人の信頼を得る努力を積み重ねてください。そうすれば人が集まってきます。そしてひとりひとりと誠心誠意おつきあいする努力をしてください。その真面目さがまず基本となります。

それに加え、あなたという人間の面白さが重要です。機転が利いて、ユーモアがあり、趣味が多く、友人に恵まれていて、一緒にいて楽しい。あなたがそういう人であれば、ますます多くの人たちが集まってきます。

そして決して嘘をつかないこと。約束したことは、必ず実行する。そういう態度で真面目に付き合えば、人脈は自然に広がります。

Points

- 共通の友人を探す
- 小さく約束し、大きく実行する
- 定期的に連絡する
- 小さな接点を大事にする
- さりげないプレゼントをする
- 時々、無理をしてでも会いに行く

12 異文化コミュニケーション

失敗から学ぶ

世界各国での生活やビジネスにおいて、文化の違いからの誤解や失敗の経験をお持ちの方が多いことと思います。それは、価値観、言葉、宗教、歴史的背景などが異なることが原因です。私もこれまで沢山の失敗を経験してきました。

▽宗教に関して軽々しく発言しない

宗教に関して大きな失敗をしたことがあります。私が高校時代、アメリカに留学していた頃のことです。授業中に「我々人間はどこから来たか?」というテーマでディスカッションになりました。そこで私はこう言いました。

「ダーウィンの進化論によれば、我々人類は類人猿から進化しました」。

すると次の瞬間、教室中の空気が凍りました。非常に気まずい雰囲気の中で、アメリカ人のクラスメートが冷たく言い放ちました。

「シュー、神様が人間をお造りになったのだ。君は神を信じないのか？ 無神論者(atheist)なのか？」

先生も含めクラス全員が、私を射るような視線で見ていたのです。このatheistという言葉は、単に「無神論者」という意味だけでなく、「罪人」であるかのような極めてネガティブな響きを持つ言葉であることを悟りました。そのことを私は痛いほど感じたのです。

私はまるで宗教裁判にかけられたガリレオのような心境でした。ガリレオが「それでも地球は回っている！」と叫んだように、私も「それでも人間はサルから進化した！」と心の中で叫んでいたのを、今でも覚えています。

宗教に関しては、軽々しく発言してはならないことを、私はこの苦い経験から学んだのでした。

▽ 社交辞令の違いを理解する

「週末に我が家に遊びに来てください。お食事でも一緒にしましょう」。

こう言われた場合、あなたはどうしますか？　アメリカ、イギリス、日本の場合でニュアンスがちょっと違ってきます。

アメリカ人がこう言った場合は、１００％そのつもりだと思っていいでしょう。家も大きいですし、冷蔵庫や冷凍庫には食べ物やビールがたくさん詰まっているので、何人押しかけてもまったく問題ありません。それにアメリカ人はパーティ好きですから、そう言われたら、喜んで行って構いません。

イギリス人はどうでしょうか？　私は9年間住んでいたので、イギリス人は日本人と似ており、社交辞令でこのようなことを言う場合もあることを知っています。30年も前であれば、「サンキュー、そういう機会があれば嬉しいです」くらいで、受け流すのが無難でした。

最近ではイギリス人もアメリカ的にオープンなってきたこと、生活水準が上がったことなどにより、額面のまま受け取ってもいい雰囲気が強くなりました。ですから、60%位は信用して、押しかけてもいいでしょう。

日本の場合は、皆さんもご存じの通り、そうは言われても「それでは土曜日の何時に伺いましょうか？」とすぐに言うわけにはいきません。１００%社交辞令でそういう人もいますからね。そのときの状況や、言った人の性格などをふまえて対処する必要があります。

▽ユーモアの違いを理解する

イギリスで英国ソニーの販売部長をしていた頃のことです。カラーテレビの新聞広告を考えていました。広告代理店の制作部の部長と相談し、こう言いました。

「ピーター、白黒印刷の新聞で、ソニーのカラーテレビの色が鮮明だということをどう表現したらいいか、考えて欲しい」。

１週間後、彼はこんなアイデアを持ってきました。

「カラーテレビの正面からの写真を大きく真ん中に置きます。そのスクリーンの中心に、こう書きます。

『スクリーンを切り取って、それを窓にかざしてください。(Cut out the screen and hold the page up to the windows.)』」

そして彼はにっこりと笑ってつけ加えました。

「もちろん、実際にハサミでスクリーンを切り取って四角に空いた新聞紙を窓にかざして見る人はいないよ。全て頭の中での想像の世界さ」。

見事だ……。これが英国流のユーモアなのだ、と私は感心し、掲載をＯＫしたのです。果たして、この広告が名門の新聞 The Times 紙に掲載された時の反響は素晴らしく、その年のイギリスの最優秀新聞広告賞まで受賞してしまいました。

私が日本のソニー本社に帰任し、宣伝制作部次長になったとき、このアイデアをぜひ日本でもやってみたいと思い、某大手新聞社に提案しました。

「御社の夕刊のラテ欄の下の10段を全て使って、ソニーのカラーテレビの広告を載せたいのですが、いかがでしょうか?」

広告主がソニーで、掲載料３０００万円ほどのビジネスですので、私は快諾してもらえるものと思っていました。ところが意外な返事が戻ってきたのです。

「せっかくのお話ですが、お断り申し上げます」。

私は驚いて、その理由を尋ねると、またまた意外な返事でした。

「読者の方がハサミでスクリーンを切り取って、大きな穴を開けると、その裏の社会欄のページに記事を書いた弊社の記者の心証を害することになります。それでご遠慮申し上げたいのです」。

私は空いた口がふさがりませんでした。読者は実際には誰もハサミで切ったりせずに、想像の世界で、スクリーンを切り取ります。そして「ソニーのカラーテレビは自然の色をきれいに再現するのだ」と思ってくれる。加えて、ソニーもなかなかやるじゃん、とユーモアを解してくれるわけです。

この新聞社の人たちはそれを理解するだけのユーモアセンスを持ちあわせていなかったのです。イギリス人と日本人のユーモアセンスの違いをまざまざと感じた経験でした。

▽ 時間感覚の違いを理解する

日本人は約束した時間の10分ほど前に行くことが礼儀だと思っています。私も遅刻するのが嫌いなので、そのようにしています。しかしそれをしすぎて失敗したことがあります。

イギリスの親友ジェフリー・アーチャー卿の自宅を訪ねたときのことでした。ロンドンから車で1時間半ほどのところにあるグランチェスターという村に彼の自宅はあります。安全を見て、2時間前にロンドンを出たところ、非常にスムーズに行き、約束の30分前には到着してしまいました。彼の家の呼び鈴を鳴らしたところ、彼が出てきて不機嫌そうな顔つきで、こう言いました。

「シュー、いくらなんでも30分前というのは、早すぎるよ。イギリスでは、約束の時間より5分遅れて着くのが常識だ」。

日本とイギリスでは、時間の感覚がこんなにも違うのだ！ と身をもって感じました。

▽ 国を超えた共通点を楽しむ

これまで異文化の相違点ばかりを書いてきましたが、時空を越えて似ている場合もあることをつけ加えてみたいと思います。

たとえば、モネと尾形光琳。パリのオランジュリー美術館にはまわりの壁が全てモネの『睡蓮』で覆われている部屋があります。その真ん中の椅子に座って瞑想に浸っていたところ、今見ている世界は、以前どこかで見たことがあるような気がしたのです。

それは『燕子花図』や『紅白梅図屏風』を描いた尾形光琳でした。１７００年前後の江戸時代に素晴らしい屏風を描いた彼の作風が、１９００年前後に描かれたモネの『睡蓮』とどことなく雰囲気が似ているような気がしたのです。

ここで書いたことはあくまで私自身の主観ですが、いろいろな作品に触れて自分の中のストックを増やしておくと、国を超えた共通点に気がつくことがあります。他国の人と話をする際に、たとえばモネと尾形光琳の共通点に関して話ができると、あなたらしさやユニークさが伝わり、会話がはずむことでしょう。

▽基本は相手にあわせ、ときには自分らしく

異文化間での異なる点や似ている点をしっかり理解していると、外国人とのコミュニケーションが容易になり、ビジネスも交友関係もうまくいくようになります。

文化の異なる人と接する場合は、まずは相手にあわせることが重要です。マーガレット・サッチャー元英国首相にインタビューさせていただいたときのことです。

ゲストの方が話されるとき、日本での聞き手は「はい」と相槌を打つ場合が多いものです。一方、イギリスでは頷くだけで、Ｙｅｓと言ってはいけないことをあらかじめ聞いており、そのように実践しました。当初は不自然に感じ、やりにくかったのですが、慣れてみるとその意味が理解できました。ゲストの方の大切な発言をインタビューアーがＹｅｓを連発してさえぎることはとても失礼なことなのです。

一方で、自分らしく振る舞うことが大事なときもあります。ソルトレイク・シティにある企業の幹部と会食することになりました。そこにはモルモン教徒が非常に多く住ん

でいます。彼らはお酒を一切飲みません。

そこでの食事が、美味しそうなステーキだったので、私はワインが欲しくなってたまらなくなりました。しかし彼らは全員モルモン教徒で、水を飲んでいるだけ。しかし私はワインの魅力に勝てずに、相手の社長に思い切って尋ねました。

「ワインを一杯注文してもよろしいでしょうか？」

すると彼はにっこり笑って、こう言いました。

「もちろん構いませんよ。どうぞ。赤にされますか、それとも白？」

こういう場合はひとりで悩まずに、正直に尋ねたほうがいいことを発見したのです。

このように、異文化理解、相違点に関して教科書は存在しません。経験豊かな先輩ビジネスマンに尋ね、ノウハウを仕入れることが最も有効な方法です。また外国の方とのつきあいを何度か経験してみて、ご自分で発見するのがいいでしょう。もちろん、その過程で私のように失敗をすることもあるかもしれませんが、一度冒した失敗は繰り返さないようにすればいいのです。

Points

- 宗教に関して軽々しく発言しない
- 社交辞令の違いを理解する
- ユーモアの違いを理解する
- 時間感覚の違いを理解する
- 国を超えた共通点を楽しむ
- 基本は相手にあわせ、時には自分らしく

▽おわりに

皆さんは「人生は長い」と思っておられることでしょう。30歳ならあと50年、40歳ならあと40年。確かに長いです。しかし、今年69歳になった私の実感では、「人生はすごく短い」のです。

私が英国ソニーに赴任したのが26歳。その後、35歳でソニーを辞めて、独立。そして、国際的企業タイアップをいくつか手がけて、サッチャーさんの日本代表を10年間務め、テレビ番組を数十本も企画・司会し、本を44冊出版して、一心不乱に駆け抜けてきました。

一方プライベート生活においては、26歳で結婚。イギリスで新婚生活をはじめ、息子と娘に恵まれました。ところが35歳で突然ソニーを退社して独立したので、家内はさぞ心細かったことでしょう。

現在では息子は独立して結婚しています。娘はチェンバロ奏者として日本とフランスでコンサート活動をしています。私はもっぱら恵比寿のオフィスで執筆活動と大学での講義に専念し、家内とは、結婚後43年目に入った仲のいい熟年夫婦です。

しかしどうしても自分で理解ができないというか、納得がいかない点は、自分が69歳であと11年しか寿命が残っていないという厳粛な事実です。自分自身では心身ともにすこぶる健康なので、40歳ごろの自分とまったく変わっていないと思っています。でも、実際には69歳なのですよね。このギャップはどうしても理解できないのです。

「光陰矢のごとし」とはまったくその通りだと思います。皆さんも、あっと言う間に、私と同じ69歳になってしまいますよ。だから、今の若いうちの時間を大切に使って欲しいと思います。今だったら、何でもできる。たとえ失敗しても、やり直しが利く。だから皆さんには勇敢にいろいろなことにチャレンジしていただきたい。そして一度しかない人生を悔いのないように生きていただきたい、と思います。

私の「積極的刹那主義」をぜひ参考にして、「今日は最後かもしれない。力一杯に生きて、燃え尽きてもいい」くらいの心構えで、毎日を2倍、3倍の濃度で生きてください。そして、同じ一生ならば、狭い日本に留まっているのではなくて、世界を縦横無尽に飛び回って大活躍をしてください。そういうグローバル人間を日本は必要としているのです。

皆さんの人生が素晴らしいものになることを、心からお祈りしています。

２０１４年３月

植山周一郎

【著者略歴】

植山周一郎（うえやま・しゅういちろう）

1945年静岡県生まれ。一橋大学商学部卒業後、ソニー入社。英国ソニー販売部長、本社宣伝部次長などを歴任。1981年に（株）植山事務所を設立し、翻訳、講演、テレビ番組の企画・司会などを手がけたほか、サッチャー元英国首相の日本代理人とヴァージン・グループの顧問を務めた。1987年スタンフォード大学院S.E.P.終了。著書に『海外ビジネス実戦学』（講談社）、翻訳書に『ヴァージン―僕は世界を変えていく』（阪急コミュニケーションズ）など著訳書42冊ある。現在、非常勤講師として、一橋大学でグローバルビジネスの英語講義を行うほか、藤井電工顧問を務める。2013年、日本から唯一の民間人として、サッチャー元首相の葬儀に夫妻で英国政府から招待され、参列した。

「植山周一郎のグローバルサロン」http://www.ueyamaoffice.com/

世界《せかい》の一流《いちりゅう》から学《まな》んだ 仕事《しごと》の品格《ひんかく》

2014年3月11日　初版発行

発行　**株式会社クロスメディア・パブリッシング**

発行者　小早川幸一郎

〒151-0051　東京都渋谷区千駄ヶ谷4-20-3 東栄神宮外苑ビル
http://www.cm-publishing.co.jp

発売　**株式会社インプレスコミュニケーションズ**

〒102-0075　東京都千代田区三番町20
TEL (03)5275-2442　FAX (03)5275-2444

■ 本の内容に関するお問い合わせ先 ……………… クロスメディア・パブリッシング
TEL (03)5413-3140　FAX (03)5413-3141

■ 乱丁本・落丁本のお取り替えに関するお問い合わせ先 ……………… インプレスコミュニケーションズ　カスタマーセンター
TEL (03)5275-9051　FAX (03)5275-2443

カバーデザイン　山口昌弘
本文デザイン　上坊菜々子
ISBN 978-4-8443-7355-1 C2034

印刷　株式会社文昇堂／株式会社シナノ
製本　誠製本株式会社